日语初级 1

日本語初級 ①

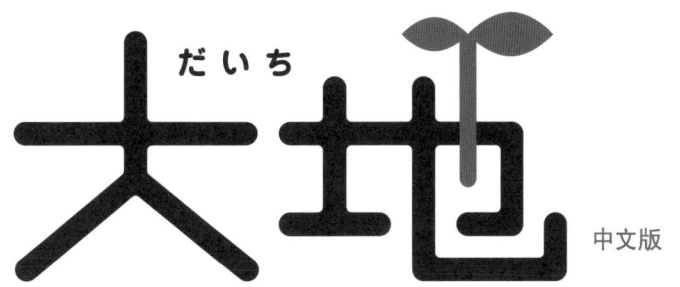
中文版

句型说明及译文

文型説明と翻訳〈中国語版〉

山崎佳子・石井怜子・佐々木 薫・高橋美和子・町田恵子

スリーエーネットワーク

©2009 by 3A Corporation
All rights reserved. No part of this publication may be reproduced, stored in a retrieval system, or transmitted in any form or by any means, electronic, mechanical, photocopying, recording, or otherwise, without the prior written permission of the Publisher.

Published by 3A Corporation.
Trusty Kojimachi Bldg., 2F, 4, Kojimachi 3-Chome, Chiyoda-ku, Tokyo 102-0083, Japan

ISBN978-4-88319-503-9 C0081

First published 2009
Printed in Japan

致本书使用者

本书为《日语初级1 大地(だいち) 主教材》的辅助教材，收录有主教材的会话部分以及新语汇的译文、学习项目的解说、有关词汇与文化信息等。请与主教材一起利用。

本书的构成：

1. 致本书使用者
2. 目次
3. 凡例
4. 日语的特征
5. 登场人物
6. 各课

各课的构成：

会话：	会话的译文
语汇：	新的语汇按照词类，以名词、动词、形容词、固有名词、其他的顺序排列。插图中出现的语汇及表格中的标题等排在其后。标有＊符号的是与各课所学语汇相关的词汇和表现。
句型说明：	这是对各课学习项目所作的说明。是为了帮助大家在预习和复习时理解新的学习项目而编写的。
词汇与文化信息：	这是与各课内容相关的语汇和文化信息。有助于增长知识，加深理解。

目次

致本书使用者 ·· 3
凡例 ·· 8
日语的特征 ·· 9
登场人物 ·· 10
はじめましょう ·· 13

1 我是林泰 ·· 16
句型说明
名词句1：非过去（肯定、否定）
　N1 は N2 です，N じゃ ありません，S か
词汇与文化信息：职业、爱好

2 那是什么CD？ ·· 23
句型说明
指示词1：これ、それ、あれ
　これ／それ／あれ，この N／その N／あの N
词汇与文化信息：菜单

3 这里是百合大学 ·· 29
句型说明
指示词2：ここ、そこ、あそこ
　ここ／そこ／あそこ，N1 は N2(场所) です
词汇与文化信息：校园地图

4 明天干什么？ ·· 35
句型说明
动词句1：非过去（肯定、否定）
　N を V ます，V ません，N(场所) で V ます
词汇与文化信息：食物

5 悉尼现在几点？ ·· 41
句型说明
动词句2：过去（肯定、否定）
时间表现
　V ました，V ませんでした，―時― 分，N(时刻) に V ます
词汇与文化信息：武术

6 去京都 ·· 48
句型说明
动词句3：行きます、来ます、帰ります
　　N(场所) へ 行きます／来ます／帰ります，
　　N(时间) に 行きます／来ます／帰ります，
　　N(交通手段) で 行きます／来ます／帰ります
词汇与文化信息：日本的节日

まとめ 1 ·· 56

7 真好看的照片啊 ·· 57
句型说明
形容词句1：非过去（肯定、否定）
　　N は いA／なA です，N は いA くないです／なA じゃ ありません
词汇与文化信息：世界遗产

8 富士山在什么地方？ ·· 64
句型说明
存在句
　　N1(场所) に N2 が あります／います，
　　N1 は N2(场所) に います／あります
词汇与文化信息：自然

9 你喜欢什么运动？ ··· 70
句型说明
对象用"が"来表示的句子
　　N が 好きです／嫌いです／上手です／下手です，
　　N が 分かります，S1 から、S2
词汇与文化信息：体育、电影、音乐

10 我是跟渡边小姐学的茶道 ··· 77
句型说明
动词句4：动作的接收者及给予者用"に"来表示的动词
　　N1 に N2(物) を V
词汇与文化信息：祝贺、压岁钱、探望

11 东京和首尔哪边冷？ ·· 83
句型说明
比较
　　N1 は N2 が A，N1 は N2 より A，
　　N1 と N2 と どちらが A か，N1 で N2 が いちばん A
词汇与文化信息：宇宙

12 旅游怎么样？ 89
句型说明

形容词、名词句2：过去（肯定、否定）

　　いAかったです／なAでした／Nでした，

　　いAくなかったです／なAじゃ ありませんでした／Nじゃ ありませんでした

词汇与文化信息：一年中的庆典活动

まとめ2 95

13 想吃点儿什么 96
句型说明

ます形

　　Nが 欲しいです，Nを Vたいです，

　　N1(場所)へ Vます／N2に 行きます／来ます／帰ります

词汇与文化信息：教育

14 我的爱好是听音乐 103
句型说明

动词分类

字典形

简体会话1

　　わたしの 趣味は V dic. こと／Nです，V dic. こと／Nが できます，

　　V1 dic.／Nの まえに、V2

词汇与文化信息：方便商店

15 现在别的人用着呢 110
句型说明

て形1

简体会话2

　　V て ください，V て います

词汇与文化信息：厨房

16 可以摸一下吗？ 117
句型说明

て形2

　　V ても いいです，V ては いけません，V1 て、(V2 て、) V3

词汇与文化信息：车站

17 请不要太勉强 123
句型说明

ない形

て形3

简体会话3
　　Vないで ください，Vなくても いいです，V1てから、V2
词汇与文化信息：电脑和电子邮件

18 我没看过相扑 ——— 129
句型说明
た形
简体会话4
　　Vた ことが あります，V1たり、V2たり します，V1た／Nの あとで、V2
词汇与文化信息：都道府县

まとめ3 ——— 135

19 我觉得车站既明亮又干净 ——— 136
句型说明
普通形
简体会话5
　　普通形と 思います，普通形と 言います
词汇与文化信息：身体、伤病

20 这是女朋友送的T恤衫 ——— 143
句型说明
名词修饰
　　名词修饰句
词汇与文化信息：颜色、花纹、材料

21 要是下雨的话，旅游团就中止 ——— 149
句型说明
条件句
　　S1たら、S2，Vたら、S，S1ても、S2
词汇与文化信息：日本的时代

22 你给我做了饭 ——— 155
句型说明
动词句5：授受动词
　　N1（人）に N2（物）を くれる，
　　Vて くれる，Vて もらう，Vて あげる
词汇与文化信息：贺年片

まとめ4 ——— 161

巻末 ——— 162

凡例

		〔例〕
N　名词		
N（场所）	有关场所的名词	〔ここ〕〔こうえん〕
N（人）	有关人物的名词	〔せんせい〕〔おとこの ひと〕
N（位置）	有关位置的名词	〔まえ〕〔うえ〕
Nで	名词句的て形	〔やすみで〕

V　动词		
Vます	ます形	〔よみます〕
V~~ます~~	ます形的语干	〔よみ〕
Vましょう	V~~ます~~＋ましょう	〔よみましょう〕
Vたい	V~~ます~~＋たい	〔よみたい〕
Vて	动词的て形	〔よんで〕
Vた	动词的た形	〔よんだ〕
Vない	动词的ない形	〔よまない〕
Vないで	ない形的て形	〔よまないで〕
Vなくても いいです	ない形的语干＋なくても いいです	〔よまなくても いいです〕
V dic.	动词的字典形	〔よむ〕

A　形容词		
いA	い形容词	〔おおきい〕
なA	な形容词	〔べんり［な］〕
いAくて	い形容词的て形	〔おおきくて〕
なAで	な形容词的て形	〔べんりで〕

S　句子、从句（有主谓语）		〔わたしは がくせいです。〕 〔いい てんきです〕が、 　〔さむいです。〕

＊	表示活用的表中的例外	〔*いいです〕
✽	与各课所学语汇有关的语汇和表现	〔あさごはん✽〕

日语的特征

1. 日语中没有男性用语和女性用语的词性变化。
   另外，名词也没有可数和不可数的区别以及单数形和复数形的区别。

2. 动词、形容词有词形变化。

3. 在日语句子中，有叫做助词的后置词用以表示词语与词语之间的关系、说话者的心情等。
   例如：は（主题）、で（动作的场所）、を（动作的对象）等。
   　　　わたし は　うち で　えいが を　みます。
   　　　（我）　（家）　（电影）　（看）
   　　　我在家看电影。

4. 谓语部分放在句尾。时态和说话者的心情等一般在句尾表示。另外，是否礼貌的区别也以句尾的变化来表示。

5. 不太受语序的拘泥。

6. 修饰语一般放在被修饰词汇或句子的前面。
   例如：わたしは　うちで　おもしろい　えいが を　みます。
   　　　　　　　　　　　（有意思的）（电影）
   　　　我在家看很有意思的电影。

7. 在文脉中可以比较清晰地看出的词语常常被省略。

8. 表记方法
   日语用①平假名、②片假名、③汉字、④罗马字书写表示。

   木村　さん は　コンビニ　で　CD　を　買　いました。
   　③　　①　　　②　　①　④　①③　　①
   木村先生在便利店买了CD。

登场人物

教师　　办事员

铃木　京子
（日本）

田中　正男
（日本）

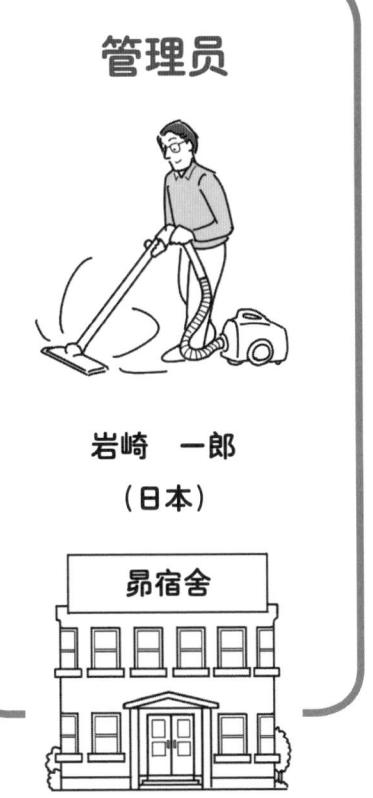

管理员

岩崎　一郎
（日本）

昴宿舍

木村　春江
（日本）

木村　洋
（日本）

渡边　亚纪
（日本）

黎　琋安
（越南、工程师）

阿朗·马勒
（法国、银行行员）

郝瑟·卡鲁劳斯
（秘鲁、公司职员）

はじめましょう

词汇

1.

おはよう ございます。	早上好。
こんにちは。	你好。
こんばんは。	晚上好。
さようなら。	再见。
ありがとう ございます。	谢谢。
すみません。	对不起。（抱歉）
いただきます。	我吃啦。 （用餐前的客套话）
ごちそうさまでした。	我吃好了。 （用餐后的客套话）
しつれいします。　失礼します。	打搅了。对不起。 （进屋或离去时的客套话）

2-1.

ゼロ／れい	ゼロ／零	零
いち	一	一
に	二	二
さん	三	三
よん／し	四	四
ご	五	五
ろく	六	六
なな／しち	七	七
はち	八	八
きゅう／く	九	九
じゅう	十	十

2-2.

けいさつ	警察	警察

しょうぼうしょ	消防署	消防署
がっこう	学校	学校
しやくしょ	市役所	市政府
かいしゃ	会社	公司

2-3.

じゅういち	十一	十一
じゅうに	十二	十二
じゅうさん	十三	十三
じゅうよん／じゅうし	十四	十四
じゅうご	十五	十五
じゅうろく	十六	十六
じゅうなな／じゅうしち	十七	十七
じゅうはち	十八	十八
じゅうきゅう／じゅうく	十九	十九
にじゅう	二十	二十
さんじゅう	三十	三十
よんじゅう	四十	四十
ごじゅう	五十	五十
ろくじゅう	六十	六十
ななじゅう／しちじゅう	七十	七十
はちじゅう	八十	八十
きゅうじゅう	九十	九十
ひゃく	百	一百

3-1.

| 一じ | 一時 | 一点 |

3-2.
—じはん	—時半	—点半
ごぜん	午前	上午
ごご	午後	下午

3-3.
いま なんじですか。	今 何時ですか。	现在几点?
〜です。		是〜。

4.
はじめましょう。	始めましょう。	开始吧。
おわりましょう。	終わりましょう。	结束吧。
やすみましょう。	休みましょう。	休息吧。
わかりますか。	分かりますか。	懂了吗?
はい、わかります。	はい、分かります。	嗯、懂了。
いいえ、わかりません。	いいえ、分かりません。	没、没懂。
みて ください。	見て ください。	请看。
きいて ください。	聞いて ください。	请听。
かいて ください。	書いて ください。	请写。
もう いちど いって ください。	もう 一度 言って ください。	请再说一遍。
なまえ	名前	姓名
しけん	試験	考试
しゅくだい	宿題	作业
れい	例	例、例句
しつもん	質問	提问
こたえ	答え	回答
—ばん	—番	—号、第—
—ページ		—页

5.
にほんごで なんですか。	日本語で 何ですか。	用日语怎么说?
けいたいでんわ	携帯電話	手机

1 我是林泰

会话

林　泰： 初次见面，我是林泰，请多多关照。
玛莉·史密斯： 我是玛莉·史密斯。请多多关照。
　　　　　　　林先生，你是哪国人？
林　泰： 我是中国人。玛莉小姐呢？
玛莉·史密斯： 我是澳大利亚人。
林　泰： 是吗。

词汇

わたし		我
がくせい	学生	学生
～じん	～人	～人（表示国籍时使用的接尾词）
エンジニア		工程师
～いん	～員	～员
ぎんこういん	銀行員	银行行员
かいしゃいん	会社員	公司职员
せんせい	先生	老师
けんきゅういん	研究員	研究员
にほんごがっこう	日本語学校	日语学校
だいがく	大学	大学
りょう	寮	宿舍
かんりにん	管理人	管理员
(お)なまえ	(お)名前	(贵)姓名
(お)くに	(お)国	(贵)国家
しゅみ	趣味	爱好
すいえい	水泳	游泳
がっこう	学校	学校
ともだち	友達	朋友
はい		对、是
いいえ		不、不是
～さん		～先生、～女士、～同志
そうです。		是的。
はじめまして。	初めまして。	初次见面。
どうぞ よろしく お ねがいします。(どうぞ よろしく。)	どうぞ よろしく お願いします。	请多关照。

1

こちらこそ どうぞ よろしく おねがいします。(こちらこそ どうぞ よろしく。)	こちらこそ どうぞ よろしく お願いします。	我才要请贵方多关照呢。
すみません。		对不起。(与人搭话，或拒绝对方的要求时，开头使用的表现)
おなまえは？	お名前は？	您贵姓？
おくには どちらですか。	お国は どちらですか。	您的国家是哪里？
～から きました。	～から 来ました。	从～来的。
～は？		～呢？
そうですか。		是吗？
れい	例	例、例句

ちゅうごく	中国	中国
ペルー		秘鲁
オーストラリア		澳大利亚
フランス		法国
ベトナム		越南
タイ		泰国
にほん	日本	日本
アメリカ		美国
かんこく	韓国	韩国
リン・タイ		林　泰
アラン・マレ		阿朗・马勒
レ・ティ・アン		黎　琋安
マリー・スミス		玛莉・史密斯
ホセ・カルロス		郝瑟・卡鲁劳斯
ポン・チャチャイ		澎・差猜
エミ		惠美
キム・ヘジョン		金　惠净
イ・ミジャ		李　美子

すずき きょうこ	鈴木 京子	铃木 京子
さとう さゆり	佐藤 さゆり	佐藤 小百合
のぐち おさむ	野口 修	野口 修
ナルコ・ハルトノ		纳鲁克・哈鲁图奴
いわさき いちろう	岩崎 一郎	岩崎 一郎
きむら はるえ	木村 春江	木村 春江
きむら ひろし	木村 洋	木村 洋
スバルにほんごがっこう	スバル日本語学校	昴日语学校
みどりだいがく	みどり大学	绿大学
ＩＴ コンピューター（アイティー）		IT 电脑
スバルりょう	スバル寮	昴宿舍
つかいましょう	使いましょう	使用

句型说明

1

名词句 1：非过去（肯定、否定）

1. わたしは リン・タイです。　　我是林泰。

   ● N1 は　N2 です

   1) "は"是表示句子主题的助词。这是先将 N1 作为主题提起，然后以 N2 对其加以说明的句子。

      这里的助词"は"读作"わ"。

   2) "です"表示 N2 的判断和断定。

2. ポンさんは がくせいですか。　　澎先生是学生吗？

   ● S か

   1) "か"是放在句尾用以构成疑问句的助词。
      疑问句与陈述句的语序相同。
      句尾的助词"か"要提高语调发音。

   2) 在判断疑问句的内容是正确的、或表示赞同时用"はい"，认为不正确时用"いいえ"来回答。⇒ **3**-2）

      A：アンさんは がくせいですか。　 琋安小姐是学生吗？
      B：はい、がくせいです。　 对，我是学生。

      句子的主题明了时，"主题＋は"可以省略。

   3) "はい、そうです"用于对名词句的疑问做肯定回答时。意思是"对，是这样的"。

      A：アンさんは がくせいですか。　 琋安小姐是学生吗？
      B：はい、そうです。　 对，是的。

3. アンさんは がくせいじゃ ありません。　　琋安小姐不是学生。

   ● N じゃ ありません

   1) "じゃありません"是"です"的否定形。

2）在判断疑问句的内容不正确、或表示不同意时，"じゃありません"和"いいえ"一起使用。

A：アンさんは がくせいですか。　瑞安小姐是学生吗？
B：いいえ、がくせいじゃ ありません。　不是，我不是学生。

4. キムさんも がくせいです。　金小姐也是学生。

● N1 も N2 です

助词"も"的意思是"也"。可以和助词"は"互换。
リンさんは がくせいです。　林先生是学生。
キムさんも がくせいです。　金小姐也是学生。

5. リンさんは にほんごがっこうの がくせいです。　林先生是日语学校的学生。

● N1 の N2

"の"是连接两个名词的助词。N1 一般是修饰 N2 的。
在这个句子里，N1 是 N2 所属的组织。

"～さん"用于听话者及第三者的姓氏或名字之后，以表示说话者的敬意。
不用于自己的名字之后。

(お)くに、(お)なまえ等的"お"表示礼貌。
不用在自己的名字或国家前面。

1

词汇与文化信息

職業（しょくぎょう）・趣味（しゅみ）　职业、爱好

1.　職業（しょくぎょう）　职业

会社員（かいしゃいん）

公司职员

公務員（こうむいん）

公务员

研究員（けんきゅういん）

研究员

教師（きょうし）

教师

学生（がくせい）

学生

主婦（しゅふ）

主妇

医師（いし）

医生

弁護士（べんごし）

律师

看護師（かんごし）

护士

警察官（けいさつかん）

警官

農家（のうか）

农户

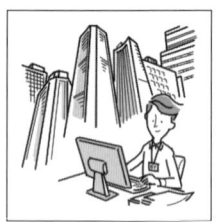

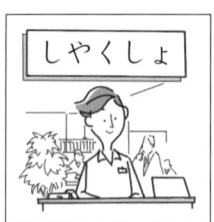

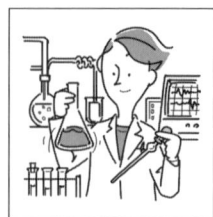

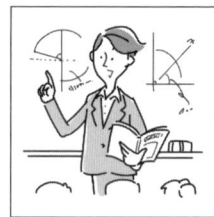

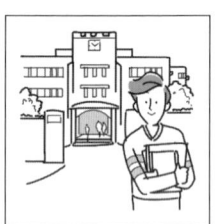

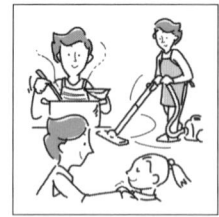

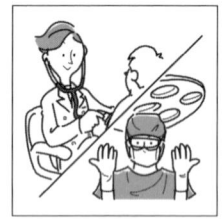

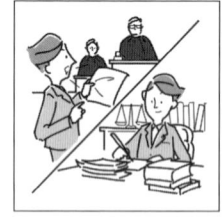

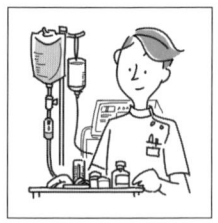

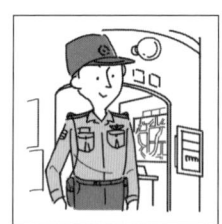

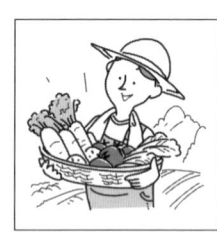

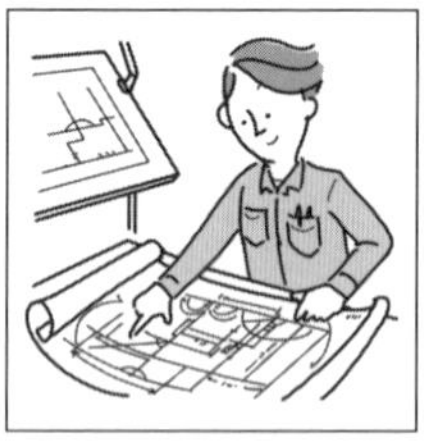

エンジニア

工程师

2.　趣味（しゅみ）　爱好

バドミントン 羽毛球　　テニス 网球　　水泳（すいえい） 游泳

山登り（やまのぼり） 登山　　読書（どくしょ） 读书　　旅行（りょこう） 旅行

映画（えいが） 电影　　音楽（おんがく） 音乐　　買い物（かいもの） 购物

写真（しゃしん） 照片　　料理（りょうり） 烹饪　　アニメ 动画片

2 那是什么CD？

会话

林　泰：　　　　玛莉小姐，那是什么 CD？
玛莉·史密斯：　是日语的 CD。
林　泰：　　　　是玛莉小姐的 CD 吗？
玛莉·史密斯：　不是，不是我的。
林　泰：　　　　是谁的 CD？
玛莉·史密斯：　是金小姐的。

词汇

これ		这个（指离说话人近的东西）
それ		那个（指离听话人近的东西）
あれ		那个（指远处的东西）
この		这（指离说话人近的东西，后接名词）
その		那（指离听话人近的东西，后接名词）
あの		那（指远处的东西，后接名词）
ノート		笔记本
ほん	本	书
ざっし	雑誌	杂志
パソコン		个人电脑
かさ	傘	伞
かばん		提包、书包、皮包
テレビ		电视
ボールペン		圆珠笔
さいふ	財布	钱包
しんぶん	新聞	报纸
さとう	砂糖	糖
しお	塩	盐
しょうゆ		酱油
ソース		沙司
うどん		乌冬面（日本面条）
そば		荞麦面条
みず	水	水
ジュース		果汁、汽水
こうちゃ	紅茶	红茶
コーヒー		咖啡
カタログ		目录
コンピューター		电脑
カメラ		照相机
けいたいでんわ	携帯電話	手机

くるま	車	轿车
～せい	～製	～生产
ひと	人	人
シャープペンシル		自动铅笔
とりにく	とり肉	鸡肉
ぶたにく	豚肉	猪肉
ぎゅうどん	牛どん	牛肉盖饭
ぎゅうにく	牛肉	牛肉
にく	肉	肉
おやこどん	親子どん	鸡肉鸡蛋盖饭
すきやき	すき焼き	鸡素烧
ラーメン		汤面
やきにくていしょく	焼肉定食	烤肉份儿饭
ＣＤ (シーディー)		CD、激光唱片
～ご	～語	～语
なん	何	什么
だれ		谁

ドイツ		德国
イタリア		意大利
イギリス		英国
わたなべ あき	渡辺 あき	渡边 亚纪
トム・ジョーダン		汤姆・乔丹

句型说明

指示词1：これ、それ、あれ

1. これは ノートです。　　这是笔记本。

   ●これ／それ／あれ

   "これ""それ""あれ"是指示词。
   指示词单独使用，不带有名词。
   "これ"指的是离说话者较近的东西。
   "それ"指的是离听话者较近的东西。
   "あれ"指的是离说话者和听话者双方都比较远的东西。

2. A：これは なんですか。　　这是什么？
   B：ボールペンです。　　是圆珠笔。

   ●なん

   "なん"是询问是什么物品时的疑问词。意思是"什么"。
   使用疑问词的疑问句与陈述句的语序相同。

3. A：これは なんの カタログですか。　　这是什么目录？
   B：コンピューターの カタログです。　　是电脑的目录。

   ●なんの N

   在询问N的内容和种类时，使用"なんの N"。

4. この くるまは にほんせいです。　　这汽车是日本造的。

   ●この N／その N／あの N

   "この""その""あの"后接名词使用。
   "この N"指的是离说话者较近的物或人等。
   "その N"指的是离听话者较近的物或人等。
   "あの N"指的是离说话者和听话者双方都比较远的物或人等。

5. A：あの ひとは だれですか。　　那个人是谁?
　　B：リンさんです。　　　　　　　是林先生。

● だれ

"だれ"是在询问某人是什么人时的疑问词,意思是"谁"。

6. それは わたしの ほんです。　　那是我的书。

● N1 の N2

1）在这个句子中,助词"の"表示所有者。"わたしの"的意思是"我的"。从文脉上看可以明了接在"の"后面的名词所指的物品是什么时,往往像下面这样将名词省略。

　　それは わたしのです。　　那是我的。

2）在询问物品的所有者时用"だれの"。意思是"谁的"

　　それは だれの ほんですか。　　那是谁的书?
　　それは だれのですか。　　那是谁的?

7. A：これは さとうですか、しおですか。　　这是糖还是盐?
　　B：さとうです。　　　　　　　　　　　　是糖。

● S1 か、S2 か

"S1 か S2 か"是在询问两者中是哪一个时使用的疑问句。意思是"是~,还是~?"。

回答时不用"はい""いいえ",而是直接从中选择一项。

词汇与文化信息

メニュー　菜单

どんぶり　大碗盖饭

牛どん
牛肉盖饭

天どん
天妇罗盖饭

おにぎり　饭团子

さけ　大马哈鱼
梅干し　咸梅干
ツナマヨ
蛋黄酱凉拌金枪鱼

めん　面条

ラーメン
汤面

うどん
乌冬面（日本面条）

そば
荞麦面条

スパゲティ
意大利面条

定食　份儿饭

焼魚定食　烤鱼份儿饭

さしみ定食
生鱼片份儿饭

焼肉定食
烤肉份儿饭

天ぷら定食
天妇罗份儿饭

弁当　盒饭

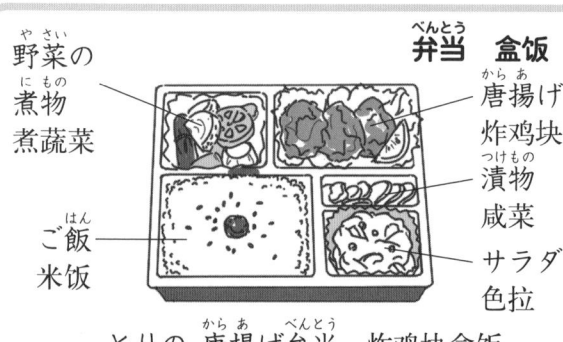

とりの唐揚げ弁当　炸鸡块盒饭

しょうが焼弁当
生姜炒肉盒饭

ハンバーグ弁当
汉堡牛肉饼盒饭

3 这里是百合大学

会话

澎·差猜： 对不起，这里是绿大学吗？
学生： 不是，这里是百合大学。
澎·差猜： 绿大学在什么地方？
学生： 在那边。
澎·差猜： 是吗，谢谢。

词汇

ここ		这里
そこ		那里
あそこ		那里（指离说话者和听话者都远的地方）
しょくどう	食堂	食堂、餐厅
うけつけ	受付	传达室
～しつ	～室	～室
じむしつ	事務室	办公室
かいぎしつ	会議室	会议室
コンピューターしつ	コンピューター室	电子计算机房
トイレ		洗手间、厕所
としょしつ	図書室	图书室
きょうしつ	教室	教室
ロビー		大厅
コピーき	コピー機	复印机
ゆうびんきょく	郵便局	邮局
びょういん	病院	医院
たいしかん	大使館	大使馆
ぎんこう	銀行	银行
コンビニ		方便商店
デパート		百货公司
えき	駅	车站
じしょ	辞書	辞典
ちず	地図	地图
れいぞうこ	冷蔵庫	冰箱
エアコン		空调
とけい	時計	钟表
でんしレンジ	電子レンジ	微波炉
せんたくき	洗濯機	洗衣机
そうじき	掃除機	吸尘器
ポット		壶、热水瓶、电暖瓶
おちゃ	お茶	茶
ワイン		葡萄酒
ビール		啤酒
チョコレート		巧克力

くつ	靴	鞋
ゼロ／れい	ゼロ／零	零
いち	一	一
に	二	二
さん	三	三
よん／し	四	四
ご	五	五
ろく	六	六
なな／しち	七	七
はち	八	八
きゅう／く	九	九
じゅう	十	十
ひゃく（びゃく／ぴゃく）	百	百
せん（ぜん）	千	千
まん	万	万
―かい／がい	―階	―层
なん～	何～	几～
なんがい	何階	几层
―えん	―円	―日元
どこ		哪里
いくら		多少钱
じゃ		那么
ちがいます。	違います。	不对。错了。
どうも。		谢谢。（比较随便的说法）
～を ください。		我要（买）～。
おいしいですね。		真好吃。真好喝。

サントリー		三得利
ロッテ		乐天
ナイキ		耐克
アップル		苹果牌
キヤノン		佳能
ゆりだいがく	ゆり大学	百合大学

句型说明

指示词2：ここ、そこ、あそこ

1. ここは しょくどうです。　这儿是食堂。

　　●ここ／そこ／あそこ

　　"ここ""そこ""あそこ"是表示场所的指示词。

　　"ここ"指的是说话者所在的场所。

　　"そこ"指的是听话者所在的场所。

　　"あそこ"指的是离说话者和听话者双方都比较远的场所。

　　　　　如假设说话者和听话者都在同一场所内时，那一场所用"ここ"来表示。

2. コピーきは あそこです。　复印机在那边。

　　●N1は　N2(场所)です

　　1）表示人和物所在的场所。

　　　　コピーきは あそこです。　复印机在那边。

　　　　トイレは そこです。　厕所在那边。

　　　　マリーさんは しょくどうです。　玛莉小姐在食堂。

　　2）"どこ"是询问场所在什么地方的疑问词。意思是"哪里、哪儿"。

　　　　A：コピーきは どこですか。　复印机在哪儿？

　　　　B：あそこです。　在那边。

3. この パソコンは 89,000 えんです。　这台电脑89,000日元。

　　●—えんです

　　1）"—えん"是表示日本货币单位的量词。

　　2）"いくら"是询问价钱多少的疑问词。意思是"多少钱"。

　　　　A：この パソコンは いくらですか。　这台电脑多少钱？

　　　　B：89,000 えんです。　89,000日元。

4.
> A：それは どこの くるまですか。　那是哪国造的汽车？
> B：アメリカの くるまです。　是美国造的汽车。

● どこの N

1）这个句子中的助词"の"表示生产国或生产公司。
2）在询问是哪一个生产国或生产公司时，使用"どこのN"的形式。意思是"哪国（哪个公司）造的N"。助词"の"以"N1 の N2"的形式来修饰后续名词，用于表示所有者、内容以及种类等。

こ、そ、あ

	こ	そ	あ
物	これ	それ	あれ
物／人	この N	その N	あの N
场所	ここ	そこ	あそこ

1）"1かい（一次）""8,900えん（8,900日元）"等的"—かい""—えん"是量词。
2）在点物品的数量时，数字的后面要加量词。
因所数的对象不同，使用的量词也不同。

词汇与文化信息

キャンパスマップ　校园地图

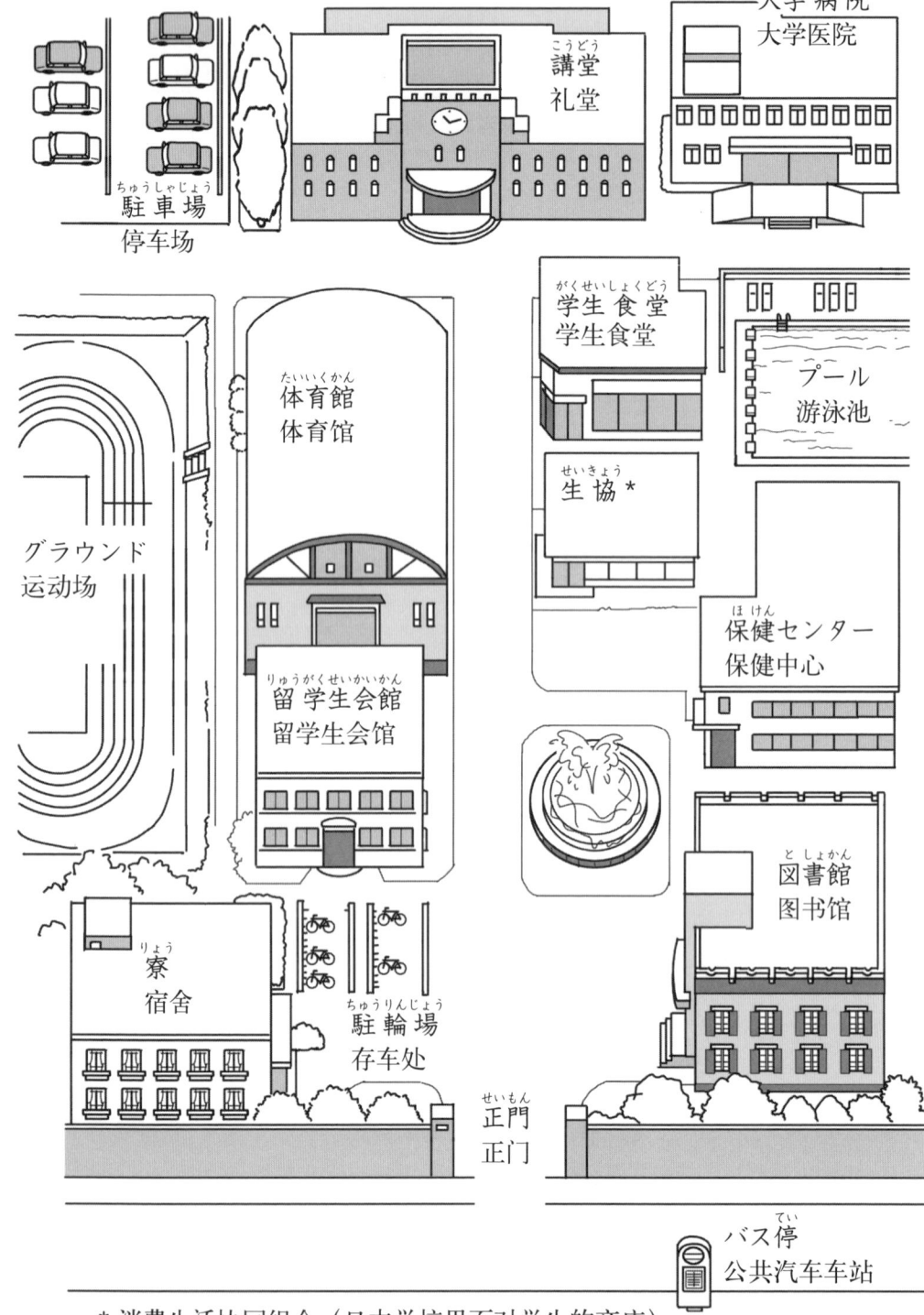

＊消费生活协同组合（日本学校里面对学生的商店）

4 明天干什么？

会话

金： 汤姆先生，你明天干什么？
乔丹： 打网球。
金： 是吗，在哪儿打？
乔丹： 在学校打。金小姐呢？
金： 我在家看韩国电影。
乔丹： 是吗。

词汇

パン		面包
さかな	魚	鱼
くだもの	果物	水果
やさい	野菜	蔬菜
カレー		咖喱（饭）
ぎゅうにゅう	牛乳	牛奶
（お）さけ	（お）酒	酒类、日本酒
たまご	卵	鸡蛋
えいが	映画	电影
おんがく	音楽	音乐
クラシック		古典音乐
ジャズ*		爵士乐
ロック*		摇滚乐
J-ポップ*		日本流行歌曲
テニス		网球
しゅくだい	宿題	作业
ジョギング		慢跑
サッカー		足球
ゲーム		游戏
てがみ	手紙	信
おかね	お金	钱
きって	切手	邮票
としょかん	図書館	图书馆
こうえん	公園	公园
うち		家、家里人
レストラン		餐厅
スーパー		超市
～や	～屋	～店
パンや	パン屋	面包店
ひるごはん	昼ご飯	午饭

あさごはん＊	朝ご飯	早饭
ばんごはん＊	晩ご飯	晚饭
ごはん＊	ご飯	饭、米饭
(お)べんとう	(お)弁当	盒饭
りょうり	料理	烹饪、菜肴
こんばん	今晩	今晚
あした		明天
きょう＊	今日	今天
あさって＊		后天
まいあさ	毎朝	每天早上
まいばん＊	毎晩	每天晚上
まいにち＊	毎日	每天
たべます Ⅱ	食べます	吃
のみます Ⅰ	飲みます	喝
かいます Ⅰ	買います	买
かきます Ⅰ	書きます	写
ききます Ⅰ	聞きます	听
みます Ⅱ	見ます	看
よみます Ⅰ	読みます	读、看
します Ⅲ		做
おろします[おかねを～] Ⅰ	下ろします[お金を～]	取[钱]
なに	何	什么
いつも		平时
ときどき	時々	有时
それから		然后
しつもん	質問	提问

句型说明

动词句1：非过去（肯定、否定）

1. アンさんは パンを 食べます。　 琦安小姐吃面包。
   - ● Nを Vます

   1）动词句，意思是"某人做某事"。"を"是表示动作对象的助词。

   > 助词"を"读作"お"。假名"を"只在作为助词时使用。

   2）"Vます"是非过去的肯定形，用于表示习惯性的动作、未来的行动以及说话者的意志。

   3）"なに"是询问动作对象的疑问词。意思是"什么"。
   A：アンさんは 何を 食べますか。　 琦安小姐吃什么？
   B：パンを 食べます。　 吃面包。

2. わたしは コーヒーを 飲みません。　 我不喝咖啡。
   - ● Vません

   1）"Vません"是"Vます"的否定形。
   如下表所示，"Vません"是将"ます"变为"ません"作成的。

非过去的肯定	非过去的否定
のみます	のみません
ききます	kokiません

   2）在回答提问时，肯定、否定的回答分别如下：
   A ：コーヒーを 飲みますか。　 你喝咖啡吗？
   B1：はい、飲みます。　 喝，我喝咖啡。
   B2：いいえ、飲みません。　 不，我不喝咖啡。

   > 从文脉上看，动作的对象一目了然时，可以把"动作的对象＋を"省略。

3. わたしは 何も 食べません。　 我什么也不吃。
   - ● 何も Vません

   带有"なにも"（疑问词"なに"＋助词"も"）的动词否定形，表示全面否定。
   A ：何を 食べますか。　 你吃什么？
   B1：ラーメンを 食べます。　 我吃汤面。
   B2：何も 食べません。　 我什么也不吃。

4. わたしは コンビニで パンを 買います。　我在方便商店买面包。

● N(场所)で Vます

1）"で"是表示动作进行场所的助词。意思是"在"。

2）询问动作的场所时用"どこで"。

　　A：どこで パンを 買いますか。　你在哪儿买面包？
　　B：コンビニで 買います。　在方便商店买。

① テニスを します。それから、テレビを 見ます。　打网球，然后看电视。

"それから"是按事情发生的顺序将两个句子排列在一起时使用的连词。意思是"然后"。

② パンと 野菜を 食べます。　吃面包和蔬菜。

"と"是连接名词，表示并列的助词。意思是"和"。不能用来连接句子。

"なに"和"なん"意思相同。

后接语汇只有在下面的情况时使用"なん"，除此之外都用"なに"。

1）后接"た"行、"だ"行、"な"行的假名时。
　　これは 何ですか。　这是什么？
　　これは 何の 本ですか。　这是什么书？

2）后接量词时。
　　何階ですか。　是几楼？
　　今 何時ですか。　现在几点？⇒第5课

词汇与文化信息

食(た)べ物(もの) 食物

野菜(やさい) 蔬菜

じゃがいも	たまねぎ	にんじん	レタス
きゅうり	トマト	キャベツ	ねぎ

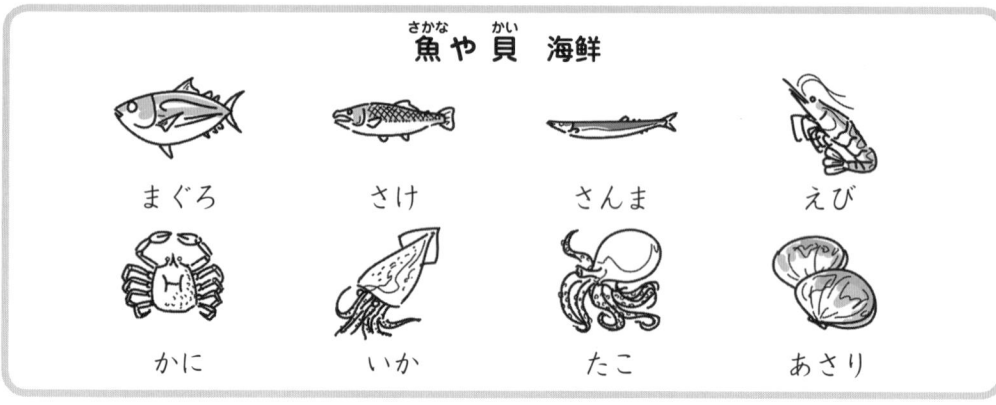

果物(くだもの) 水果

りんご	みかん	いちご	桃(もも)
なし	ぶどう	すいか	バナナ

魚(さかな)や貝(かい) 海鲜

まぐろ	さけ	さんま	えび
かに	いか	たこ	あさり

肉(にく) 肉

牛肉(ぎゅうにく)	豚肉(ぶたにく)	とり肉(にく)	ラム肉(にく)

5 悉尼现在几点？

会话

金： 悉尼日语学校的同学们，早上好。

学生： 早上好。

金： 悉尼现在几点？

学生： 12点半。

金： 你们每天都学习日语吗？

学生： 是的，我们每天上午从10点到12点学习日语。

金： 今天都学什么了？

学生： 学了会话和汉字。

金： 是吗。

词汇

いま	今	现在
ごぜん	午前	上午
ごご	午後	下午
—じ	—時	—点
—ふん／ぷん	—分	—分
—じはん	—時半	—点半
なんじ	何時	几点
なんぷん＊	何分	几分
インターネット		因特网
メール		电子邮件
コンサート		音乐会
せつめい	説明	说明
〜かい	〜会	〜会
せつめいかい	説明会	说明会
パーティー		宴会
ぶんぽう	文法	语法
かいわ	会話	会话
かんじ	漢字	汉字
ていしょく	定食	份儿饭
アルバイト		临时工
(お)ふろ	(お)風呂	洗澡
おすもうさん	お相撲さん	相扑力士
みなさん	皆さん	大家、诸位
せんしゅう	先週	上星期
こんしゅう＊	今週	这星期
らいしゅう＊	来週	下星期
まいしゅう＊	毎週	每星期
げつようび	月曜日	星期一
かようび	火曜日	星期二
すいようび	水曜日	星期三

もくようび	木曜日	星期四
きんようび	金曜日	星期五
どようび	土曜日	星期六
にちようび	日曜日	星期日
なんようび*	何曜日	星期几
きのう	昨日	昨天
おととい*		前天
あさ	朝	早上
けさ*	今朝	今天早上
ひる*	昼	中午、白天
ばん*	晩	晩上
よる*	夜	夜里

おきます Ⅱ	起きます	起床、醒
ねます Ⅱ	寝ます	睡觉
べんきょうします Ⅲ	勉強します	学习
けんきゅうします Ⅲ	研究します	研究
はたらきます Ⅰ	働きます	工作、劳动
およぎます Ⅰ	泳ぎます	游泳
おわります Ⅰ	終わります	结束、完
はじまります* Ⅰ	始まります	开始
れんしゅうします Ⅲ	練習します	练习
はいります Ⅰ	入ります	进（场所＋に）
やすみます Ⅰ	休みます	休息、请假
つくります Ⅰ	作ります	做、作

—さい	—歳	一岁
なんさい	何歳	几岁、多大年纪

～から		从～
～まで		到～
～ごろ		～左右

もしもし		喂、喂
おはよう ございます。		早上好。

ロンドン		伦敦
ペキン		北京
とうきょう	東京	东京
シカゴ		芝加哥
ニューヨーク		纽约
カイロ		开罗
バンコク		曼谷
シドニー		悉尼
サンパウロ		圣保罗
モンゴル		蒙古
すばるやま	すばる山	昴山（力士名）
ぶんかセンター	文化センター	文化中心
えいがかい	映画会	电影招待会

句型说明

动词句2：过去（肯定、否定）
时间表现

1. 今 8時15分です。　现在八点一刻。
   - ●―時 ― 分
   1) 表示时间的说法是在数字后接"じ（点）""ふん／ぷん（分）"。
      要注意"―ふん""―ぷん"的发音。
   2) 在询问时间时，使用疑问词"なんじ""なんぷん"。
      A：今 何時ですか。　现在几点？
      B：8時15分です。　八点一刻。

2. わたしは 毎朝 7時半に 起きます。　我每天早上七点半起床。
   - ●N（时刻）に Vます
   1) "に"是表示动作进行"时间"的助词。意思是"在、于"。
   2) 在询问动作进行的时间时，使用"なんじに"。
      A：リンさんは 毎朝 何時に 起きますか。
      　　林先生每天早上几点起床？
      B：7時半に 起きます。　七点半起床。

3. わたしは 月曜日から 金曜日まで 勉強します。　我从星期一到星期五学习。
   - ●N1から N2まで
   1) "から"是表示时间和场所起点的助词。意思是"从"。
      "まで"是表示时间和场所终点和到达点的助词。意思是"到"。
      月曜日から 金曜日まで　从星期一到星期五
      9時から 12時40分まで　从九点到十二点四十分
   2) "から""まで"有时直接后续"です"。
      学校は 9時から 12時40分までです。　学校是从九点到十二点四十分。
      映画は 何時からですか。　电影从几点开始？

4. わたしは 昨日(きのう) カメラを 買(か)いました。　我昨天买了一架照相机。

● Vました

"Vました"是"Vます"的过去形。

"Vました"是将"ます"变为"ました"。

5. わたしは 昨日(きのう) 新聞(しんぶん)を 読(よ)みませんでした。　我昨天没看报。

● Vませんでした

"Vませんでした"是"Vません"的过去形。

"Vませんでした"是将"ません"变为"ませんでした"。

	非过去		过去	
肯定	否定	肯定	否定
かいます	かいません	かいました	かいませんでした
します	しません	しました	しませんでした
ねます	ねません	ねました	ねませんでした

① 12時(じ)ごろ 寝(ね)ました。　12点左右睡的。

"ごろ"是表示大概时间的助词。意思是"～左右"。

词汇与文化信息

武道(ぶどう)　武术

1. 伝統的(でんとうてき)な 武道(ぶどう)　传统武术

剣道(けんどう)
剑术

柔道(じゅうどう)
柔道

空手(からて)
空手拳

相撲(すもう)
相扑

弓道(きゅうどう)
射箭术

合気道(あいきどう)
合气道

2. 相撲(すもう)　相扑

力士(りきし)(お相撲(すもう)さん)と 行司(ぎょうじ)
相扑力士和裁判员

土俵(どひょう)
相扑台

相扑每年举行 6 场比赛（东京 3 场、名古屋、大阪、福冈各 1 场），每场的赛期为 15 天。15 天赛期中赢局最多的人为冠军。相扑选手叫做力士（お相撲さん），专业的幕内力士分为 6 个等级，最高一级力士是横纲。年轻力士集体生活在各个专属的相扑馆，在师傅（馆长）指导之下进行训练。

47

6 去京都

会话

田中： 玛莉小姐，你这个周末干什么？
史密斯： 去京都。
田中： 真不错啊。我高中的时候也去过。
在京都干什么？
史密斯： 会朋友。然后，去寺庙里吃日本菜。
田中： 什么时候回来？
史密斯： 星期天晚上回来。

词汇

たんじょうび	誕生日	生日
バス		公共汽车
ひこうき	飛行機	飞机
でんしゃ	電車	电车
じてんしゃ	自転車	自行车
ちかてつ	地下鉄	地铁
どうぶつえん	動物園	动物园
パンダ		熊猫
サラダ		色拉
ケーキ		蛋糕
プール		游泳池
ドライブ		开车兜风
(お)まつり	(お)祭り	庙会、祭典
バイク		摩托车
はなび	花火	焰火
(お)てら	(お)寺	寺庙
しんかんせん	新幹線	新干线
おんせん	温泉	温泉
ふね	船	船
こうこうせい	高校生	高中生
しゅうまつ	週末	周末
なつやすみ	夏休み	暑假
ふゆやすみ*	冬休み	寒假
らいげつ	来月	下个月
こんげつ*	今月	这个月
せんげつ*	先月	上个月
きょねん	去年	去年
ことし*	今年	今年
らいねん*	来年	明年
いきます Ⅰ	行きます	去
かえります Ⅰ	帰ります	回

きます Ⅲ	来ます	来
しょくじします Ⅲ	食事します	吃饭、用餐
あいます Ⅰ	会います	会面、见面（人＋に）
一がつ	一月	一月
なんがつ＊	何月	几月
一にち	一日	一号
なんにち＊	何日	几号
ついたち	1日	一号
ふつか	2日	二号、两天
みっか	3日	三号、三天
よっか	4日	四号、四天
いつか	5日	五号、五天
むいか	6日	六号、六天
なのか	7日	七号、七天
ようか	8日	八号、八天
ここのか	9日	九号、九天
とおか	10日	十号、十天
じゅうよっか	14日	十四号、十四天
はつか	20日	二十号、二十天
にじゅうよっか	24日	二十四号、二十四天
いつ		什么时候
あるいて	歩いて	走着
いっしょに	一緒に	一起
ひとりで	一人で	单独、一个人
こんど	今度	下次
ええ		欸（比较随便的说法）
～とき、～		～时
いいですね。		不错啊。
すみません。		对不起。（抱歉）

ちょっと……。		有点儿…。（回绝对方相邀的委婉表现）

ほっかいどう	北海道	北海道
さっぽろ	札幌	札幌
せんだい	仙台	仙台
よこはま	横浜	横滨
なごや	名古屋	名古屋
きょうと	京都	京都
おおさか	大阪	大阪
ひろしま	広島	广岛
べっぷ	別府	別府
おおさかじょう	大阪城	大阪城
げんばくドーム	原爆ドーム	原爆圆顶塔
たなか まさお	田中 正男	田中 正男

句型说明

动词句3：行きます、来ます、帰ります

1. わたしは ロンドンへ 行きます。　我去伦敦。
   ● N(场所)へ 行きます／来ます／帰ります

   1）"へ"是表示移动方向的助词。意思是"往、朝"。和"いきます""きます""かえります"这样表示移动的动词一起使用。

   　　　　　　　助词"へ"读作"え"。

   2）在询问移动的场所时，使用"どこへ"。意思是"（去）哪儿"
   　　A：どこへ 行きますか。　你去哪儿？
   　　B：銀行へ 行きます。　去银行。

2. わたしは 3月30日に 日本へ 来ました。　我是3月30号来日本的。
   ● N(时间)に 行きます／来ます／帰ります

   1）"に"是接在"3月30号"这样带有数字的"时间表现"之后，表示动作进行时间的助词。

   2）"いつ"是询问时间的疑问词。意思是"什么时候"。

   3）在"あした""まいあさ""いつ"等不带有数字的词语后面不用"に"。
   　　A　：いつ 日本へ 来ましたか。　你是什么时候来日本的？
   　　B1：3月30日に 来ました。　是3月30号来的。
   　　B2：去年 来ました。　是去年来的。

―に	1時に　4月に
―×	朝　今日　毎日　いつ

   但在表示星期时，也有像"にちようびに"这样后面加"に"的用法。

3. わたしは バスで 大使館へ 行きます。　我坐公共汽车去大使馆。

● N(交通手段)で 行きます／来ます／帰ります

1）"で"如同"でんしゃで（坐电车）"、"ひこうきで（坐飞机）"、"じてんしゃで（骑自行车）"这样，是与表示交通工具的词汇连用，以示交通手段的助词。但"あるいて（走着）"时不用"で"，"あるいてで"是错误的用法。

2）在询问交通手段时，使用"なんで"。
　　Ａ　：何で 大使館へ 行きますか。　你坐什么车去大使馆？
　　Ｂ１：バスで 行きます。　坐公共汽车去。
　　Ｂ２：歩いて 行きます。　走着去。

4. わたしは 田中さんと 病院へ 行きます。　我和田中先生一起去医院。

● N(人)と V

1）"と"是表示与之一起行动的人的助词。意思是"和"。

2）在询问一起行动的人时，使用"だれと"。
　　Ａ　：だれと 病院へ 行きますか。　你和谁去医院？
　　Ｂ１：田中さんと 行きます。　和田中先生去。
　　Ｂ２：一人で 行きます。　我一个人去。

5. 一緒に 昼ご飯を 食べませんか。　不一起去吃午饭吗？（一起去吃午饭好吗？）

● Ｖませんか

1）"Ｖませんか"是相邀对方时的表现。意思是"不一起～吗？、一起～好吗？"

这一表现是将"ます"变为"ませんか"。

　　たべます → たべませんか
　　いきます → いきませんか

2）在被别人相邀时，一般像下面这样回答。
　　Ａ　：一緒に 昼ご飯を 食べませんか。
　　　　　不一起去吃午饭吗？（一起去吃午饭好吗？）
　　Ｂ１：ええ、いいですね。　欸，好啊。
　　Ｂ２：すみません。ちょっと……。　对不起，我有点儿……。

"Ｖますか"是询问对方做不做某事的表现，而不是相邀的表现。

① どこへも 行きませんでした。 哪儿也没去。

"どこへも（疑问词＋助词＋も）＋动词否定形"是表示全面否定。意思是"哪儿也不（没）~"

　　　Ａ ：どこへ 行きますか。 你去哪儿？
　　　Ｂ１：銀行へ 行きます。 去银行。
　　　Ｂ２：どこへも 行きません。 哪儿也不去。

但在使用助词"を"时，是用"も"替代"を"来表示全面否定。
　　　Ａ ：何を 食べますか。 你吃什么？
　　　Ｂ１：ラーメンを 食べます。 吃汤面。
　　　Ｂ２：何も 食べません。 什么也不吃。

词汇与文化信息

日本の 祝日　日本的节日

1月	1日	元日	元旦
	第2月曜日*	成人の日	成人节
2月	11日	建国記念の日	建国纪念日
	23日	天皇誕生日	天皇诞辰日
3月	20日ごろ	春分の日	春分
4月	29日	昭和の日	昭和日
5月	3日	憲法記念日	宪法记念日
	4日	みどりの日	绿之日
	5日	こどもの日	儿童节

（4月29日～5月5日）ゴールデンウイーク

> **ゴールデンウイーク 黄金周**
> 4月29日至5月5日的连休叫做黄金周。在此期间，日本的娱乐观光景点相当热闹，到处都是游客。

7月	第3月曜日**	海の日	海之日
8月	11日	山の日	山之日
9月	第3月曜日**	敬老の日	敬老节
	23日ごろ	秋分の日	秋分
10月	第2月曜日*	スポーツの日	体育节
11月	3日	文化の日	文化节
	23日	勤労感謝の日	劳动感谢节

* 第2个星期一
** 第3个星期一

まとめ 1

词汇

りんご	苹果

まとめ	归纳
おやすみなさい。	晚安。

7 真好看的照片啊

会话

林： 玛莉，真好看的照片啊！ 这是哪儿的照片？
史密斯： 是悉尼的照片。
林： 这个白色的建筑是什么？
史密斯： 是悉尼歌剧院。是座非常有名的建筑。
林： 悉尼是个什么样的地方？
史密斯： 是个很美丽的地方。而且很热闹。
林： 是吗。

7 词汇

はな	花	花
へや	部屋	房间
アパート		公寓
アニメ		动画片
たべもの	食べ物	食物
せいかつ	生活	生活
やま	山	山
うみ*	海	海
バドミントン		羽毛球
スポーツ		体育、运动
さくら	桜	樱花
バナナ		香蕉
まち	町	城市、城镇
ゲームソフト		游戏软件
コート		大衣、外套
ところ		场所
もの		东西、物品
しゃしん	写真	照片
たてもの	建物	建筑物
おおきい	大きい	大
ちいさい	小さい	小
あたらしい	新しい	新
ふるい	古い	旧
おもしろい	面白い	有意思
たかい	高い	高、贵
ひくい*	低い	低
やすい	安い	便宜
たのしい	楽しい	愉快
いい		好
おいしい		好吃、好喝
むずかしい	難しい	难
あおい	青い	蓝

ひろい	広い	宽
せまい＊	狭い	窄
くろい	黒い	黑
しろい	白い	白
あかい＊	赤い	红

げんき[な]	元気[な]	健康、精力充沛
しんせつ[な]	親切[な]	亲切、热情
かんたん[な]	簡単[な]	简单
きれい[な]		美丽、干净
にぎやか[な]		热闹
しずか[な]	静か[な]	安静
べんり[な]	便利[な]	方便
ゆうめい[な]	有名[な]	有名
たいへん[な]	大変[な]	够受的

どう		怎么样
どんな		什么样的
どれ		哪个、哪一个（三个以上中的哪个）

あまり		（不）很、（不）怎样
とても		非常
いちばん		最

| そして | | 而且 |
| 〜が、〜。 | | 〜，但是〜 |

オーストリア		奥地利
ふじさん	富士山	富士山
ウィーン		维也纳
オペラハウス		悉尼歌剧院

| テレサ | | 泰瑞莎 |

いけいようし	い形容詞	い形容词
なけいようし	な形容詞	な形容词
けいようし＊	形容詞	形容词
めいし＊	名詞	名词
どうし＊	動詞	动词

7 句型说明

形容词句1：非过去（肯定、否定）

1. | この パソコンは 新しいです。　　这台电脑是新的。
   | この パソコンは 便利です。　　这台电脑很方便。

   ● Nは ［いA/なA］です

   1) 日语中有い形容词（いA）和な形容词（なA）这两种类型的形容词。修饰名词时，名词前是"い"的形容词叫做い形容词，是"な"的形容词叫做な形容词。⇒ 3
      な形容词用在"です"前时不要"な"。
   2) 日语的形容词有活用。其活用形分为非过去、过去、肯定、否定。
   3) "どう"是询问对方感想、意见时使用的疑问词。意思是"怎么样？"
      A：この パソコンは どうですか。　　这台电脑怎么样？
      B：便利です。　　很方便。

2. | ポンさんの 部屋は 広くないです。　　　　　　澎先生的房间不宽敞。
   | ポンさんの 部屋は きれいじゃ ありません。　澎先生的房间不干净。

   ● Nは ［いAくないです / なAじゃ ありません］

   1) "い"形容词的非过去否定形是"—くないです"，即将肯定形的"いです"变为"くないです"。

いA	非过去的肯定	非过去的否定
	ひろいです	ひろくないです
	あたらしいです	あたらしくないです
	*いいです	よくないです

   A ：ポンさんの 部屋は 広いですか。　澎先生的房间宽敞吗？
   B1：はい、広いです。　对，很宽敞。
   B2：いいえ、広くないです。　不，不宽敞。

2）な形容词的非过去否定形是"—じゃありません"。是将肯定形的"です"变为"じゃありません"。

なA	非过去的肯定	非过去的否定
	べんりです	べんりじゃありません
	きれいです	きれいじゃありません

A ：ポンさんの 部屋は きれいですか。 澎先生的房间干净吗？
B1：はい、きれいです。 对，很干净。
B2：いいえ、きれいじゃ ありません。 不，不干净。

3. 富士山は 高い 山です。 富士山是座很高的山。
   富士山は 有名な 山です。 富士山是座很有名的山。

● N1 は A+N2 です。

1）形容词在修饰名词时，放在名词的前面。这时い形容词的"い"和な形容词"な"接续名词。

2）"どんな"后接 N，是询问 N 的状态、性质及种类的疑问词。使用"どんな N"这一形式。意思是"什么样的 N"。
   A ：富士山は どんな 山ですか。 富士山是座什么样的山？
   B1：高い 山です。 是座很高的山。
   B2：有名な 山です。 是座很有名的山。

4. リンさんの かばんは どれですか。 林先生的皮包是哪一个？

● どれ

"どれ"是从三个以上的事物中进行选择时使用的疑问词。意思是"哪一个"。
   A：リンさんの かばんは どれですか。 林先生的皮包是哪一个？
   B：それです。その 大きい かばんです。 是那个。是那个大皮包。

7

① 漢字は あまり 難しくないです。 汉字不太难。

"あまり"是表示程度的副词，和后续的形容词、动词的否定形一起使用。
　　漢字は 難しいです。 汉字很难。
　　漢字は あまり 難しくないです。 汉字不太难。

② わたしの アパートは 広いです。そして、きれいです。

我的公寓很宽敞，而且很干净。

"そして"是将两个句子并列的连词。意思是"而且"。

③ わたしの アパートは 広いですが、きれいじゃ ありません。

我的公寓很宽敞，但是不干净。

"が"是将两个句子连为一体的接续助词。意思是"但是、不过"。

④ きれいな 写真ですね。 真好看的照片啊。

"ね"是表示与说话者同感的语气助词。

词汇与文化信息

世界遺産　世界遗产

万里の長城
(中国)

タージ・マハル
(インド)

アンコールワット
(カンボジア)

金閣寺
(日本)

自由の女神
(アメリカ)

ピサの斜塔
(イタリア)

ベルサイユ宮殿
(フランス)

ピラミッド
(エジプト)

オペラハウス
(オーストラリア)

8 富士山在什么地方？

会话

差猜： 老师，富士山在什么地方？
铃木： 在这里。
差猜： 离东京不太远啊。
　　　老师去富士山了吗？
铃木： 嗯，去年和朋友一起去的。
差猜： 是吗。
铃木： 有很多动物。
差猜： 欸。
铃木： 山上有礼品店和饭馆儿。
　　　也有邮局。
差猜： 是吗。

词汇

おとこの こ	男の子	男孩子
おとこの ひと	男の人	男人
おとこ*	男	男的
おんなの こ	女の子	女孩子
おんなの ひと	女の人	女人
おんな*	女	女的
こども	子供	孩子
いぬ	犬	狗
き	木	树
じどうはんばいき	自動販売機	自动售货机
ねこ	猫	猫
はこ	箱	箱子、盒子
つくえ	机	桌子、书桌
パジャマ		睡衣
ピアノ		钢琴
ベッド		床
テスト		测验、考试
テーブル		桌子、餐桌
こうばん	交番	派出所
バスてい	バス停	汽车站
ポスト		邮筒、信箱
でんわ	電話	电话
ロッカー		存放柜
エレベーター		电梯
いす		椅子
にしぐち	西口	西口
ひがしぐち*	東口	东口
みなみぐち*	南口	南口
きたぐち*	北口	北口
きょうかい	教会	教堂
みずうみ	湖	湖泊
つり	釣り	钓鱼
どうぶつ	動物	动物
(お)みやげ	(お)土産	特产、礼品
みせ	店	店
うえ	上	上、上边

した	下	下、下边
まえ	前	前、前边
うしろ	後ろ	后、后边
なか	中	里、里边
そと*	外	外、外边
よこ	横	旁边、侧面
となり	隣	旁边、隔壁
あいだ	間	中间
ちかく	近く	附近
あります Ⅰ		有、在（物、植物）
います Ⅱ		有、在（生物）
うたいます Ⅰ	歌います	唱（歌）
おどります Ⅰ	踊ります	跳（舞）
とおい	遠い	远
ちかい*	近い	近
いそがしい*	忙しい	忙
ひま[な]	暇[な]	空闲
ひとり	1人	一个人
ふたり	2人	两个人
―にん	―人	一个人
なんにん	何人	几个人
たくさん		很多
ええと		嗯（用于在考虑要怎样说时）
へえ		欸（用于表示惊讶、吃惊时）
～や ～		～和～等
～ですか。		是～吗？（用于加以确认时）
どうも ありがとう ございました。		谢谢。（强调自己感谢的心情，是比较客气的表现）
わかりました。	分かりました。	知道了。
また あした。		明天见。

カナダ		加拿大
みどりえき	みどり駅	绿站

句型说明

存在句

1. あそこに スーパーが あります。　那边有一家超市。
　　あそこに 田中さんが います。　那边有田中先生。

● N1(场所)に N2が あります／います

1）"あります""います"是表示物与人存在的动词。意思是"有、在"。
"あります"用于超市、书等没有生命的物体以及树木、花草等，"います"则用于人以及动物等生物。
句子中的主语（N2）用助词"が"来表示。

2）存在的场所（N1）用助词"に"来表示。

3）在询问存在的东西或动物是什么时，使用"なにが"，在询问存在的人是什么人时，使用"だれが"。

　　A：あそこに 何が ありますか。　那边有什么？
　　B：地図が あります。　有地图。

　　A：あそこに だれが いますか。　那边有谁？
　　B：田中さんが います。　有田中先生。

2. 駅の 前に 銀行が あります。　车站前边有家银行。

● N1の N2(位置)

在更为详细的叙述存在的位置时，使用方位词。"まえ（前边）""うしろ（后边）""よこ（旁边）"等的N2是方位词。
使用时的语序是 N1（成为基准的名词）＋の＋N2（方位词）。

　　A：駅の 前に 何が ありますか。　车站前边有什么？
　　B：銀行が あります。　有家银行。

3. リンさんは ロビーに います。　林先生在大厅里。

● N1は N2(场所)に います／あります

1）是表示N1存在的场所的表现。N1是句子的主题，使用助词"は"来提示。

2）在询问存在的场所时，使用"どこに"。

　　A：リンさんは どこに いますか。　林先生在哪儿？
　　B：ロビーに います。　在大厅里。

4. あそこに 学生が 4人 います。　那儿有4个学生。

● N(人)が 一人 います

1)"—にん"是点人数时使用的量词。

2)在询问人数时,使用疑问词"なんにん"。

A:あそこに 学生が 何人 いますか。　那边有几个学生?

B:4人 います。　有4个。

5. 一緒に 歌いましょう。　我们一起唱歌吧。

● V ましょう

"V ましょう"是说话者相邀听话者一起去做什么事情、或同意这一相邀时使用的表现。在这里将"ます"变为"ましょう"。"V ませんか"比较尊重对方意向,而"V ましょう"则含有积极地向对方提出邀请、或加以催促的意思。

⇒ 第6课-5

---

① 花屋の 隣に ありますよ。　在花店的旁边啊。

"よ"是在向听话者强调其所不知道的消息时使用的语气助词(终助词)。

② 花屋の 隣ですね。　是花店的旁边,对吧。

"ね"是在就共同话题,向听话者进行确认时使用的语气助词(终助词)。

③ 町に 古い 教会や きれいな 公園が あります。

在城里有古老的教堂和美丽的公园。

"や"是接的名词之后,表示从很多的事物中选出几个来表示时使用的助词。使用"と"时要列举出所有的事物,而"や"的言外之意是除此之外还有很多。

⇒ 第4课-②

"どうもありがとうございました"在对别人的行为表示感谢时使用。用于就过去别人为自己所作的事情再次表示感谢、或道谢之后结束会话等场合。

词汇与文化信息

自然(しぜん)　自然

- 火山(かざん)　火山
- 島(しま)　岛屿
- 半島(はんとう)　半岛
- 海岸(かいがん)　海岸
- 海(うみ)　海洋
- 川(かわ)　河流
- 山(やま)　山
- 湖(みずうみ)　湖泊
- 滝(たき)　瀑布
- 砂漠(さばく)　沙漠

9 你喜欢什么运动？

会话

木村： 郝瑟先生空闲时，看些什么电视节目？
卡鲁劳斯： 看体育节目。
木村： 你喜欢什么运动？
卡鲁劳斯： 喜欢足球。木村女士看足球吗？
木村： 不看，从来不看。因为我不懂足球的规则。
卡鲁劳斯： 是吗。很有意思的啊。

词汇

すし		寿司
やきゅう	野球	棒球
まんが	漫画	漫画、连环画
そうじ	掃除	扫除
せんたく*	洗濯	洗衣服
え	絵	画儿
うた	歌	歌
えいご	英語	英语
かたかな	片仮名	片假名
ひらがな*	平仮名	平假名
アナウンス		广播
ルール		规则
まど	窓	窗户
かいもの	買い物	买东西
てんき	天気	天气
あめ	雨	雨
ちゅうしゃ	注射	注射、打针
じかん	時間	时间
つうやく	通訳	口译、口译人员
デート		约会
やくそく	約束	约定
やまのぼり	山登り	登山
ドラマ		电视剧
りょこう	旅行	旅行
ゴルフ		高尔夫球
きょうし	教師	教师
モデル		模特
べんごし	弁護士	律师
せんしゅ	選手	选手
サッカーせんしゅ	サッカー選手	足球选手
ミュージシャン		音乐家

ばんぐみ	番組	节目
テレビばんぐみ	テレビ番組	电视节目
おとうさん	お父さん	他人的父亲
おかあさん	お母さん	他人的母亲
おにいさん	お兄さん	他人的哥哥
おねえさん	お姉さん	他人的姐姐
おとうとさん	弟さん	他人的弟弟
いもうとさん	妹さん	他人的妹妹
ちち	父	自己的父亲
はは	母	自己的母亲
あに	兄	自己的哥哥
あね	姉	自己的姐姐
おとうと	弟	自己的弟弟
いもうと	妹	自己的妹妹
(ご)かぞく	(ご)家族	(他人的)家人
(ご)りょうしん	(ご)両親	(他人的)父母
かきます[えを～]　I	かきます[絵を～]	画[画儿]
わかります　I	分かります	懂
あけます　II	開けます	打开
さんぽします　III	散歩します	散步
あります　I		有（时间、约定）
おみあいします　III	お見合いします	相亲
あまい	甘い	甜
からい*	辛い	辣
あつい	暑い	(天)热
さむい*	寒い	(天)冷
ねむい	眠い	困
すき[な]	好き[な]	喜欢
きらい[な]	嫌い[な]	不喜欢
じょうず[な]	上手[な]	好、擅长

へた[な] ＊	下手[な]	不好、笨拙
ざんねん[な]	残念[な]	遺憾
どうして		为什么
すこし	少し	一点儿
だいたい		大概
よく		很
ぜんぜん	全然	完全（不、没）～、一点儿也～
はやく	早く	早
うーん		嗯（用于考虑如何回答对方时）
～から、～		因为，～
どうしてですか。		为什么呢?
そうですね。		嗯。（用于考虑如何回答对方时）
よろしく おねがい します。	よろしく お願いします。	拜托。

スペイン	西班牙
さゆり	小百合
えり	惠理
ともみ	知美
あきら	彰
ひろし	宏

句型说明

对象用"が"来表示的句子

1. わたしは 映画が 好きです。　我喜欢电影。

   ● N が 好きです／嫌いです／上手です／下手です

   1) "すきです""きらいです""じょうずです""へたです"是需要有对象语的形容词。助词"が"表示对象。
   2) 在询问某一群体或范畴中的某一事物的具体名称时，使用"どんな"。意思是"什么样的、哪种"。

      A：どんな スポーツが 好きですか。　你喜欢哪种运动？
      B：テニスが 好きです。　喜欢网球。

2. わたしは 韓国語が 分かります。　我懂韩语。

   ● N が 分かります

   "わかります"的对象用"が"来表示。

3. 簡単ですから、分かります。　因为很简单，所以我懂。

   ● S1 から、S2

   "から"是连接两个句子，表示理由、原因的接续助词。意思是"因为"。
   S1 表示 S2 的理由。

4. A：どうして 大きい ケーキを 買いますか。　为什么买大蛋糕？
   B：リンさんの 誕生日ですから。　因为是林先生的生日。

   ● どうして S か

   "どうして"是询问理由时使用的疑问词。意思是"为什么"。在回答理由时，"から"放在句尾。

① 時間が あります。　有时间。
　　"あります"也有"有""所有"的意思。
　　"あります"的对象用助词"が"来表示。
　　　　約束が あります。　有约会。
　　　　お金が あります。　有钱。

お見合いしませんか。　不去相亲吗?
"Vませんか"这一表现也可以用于劝对方去做某个行为动作时。

下面的副词放在动词或形容词的前面，表示程度。

よく　　　(80-90%) ⎫
だいたい　(50-80%) ⎬ +肯定形
少し　　　(30%)　　⎭

あまり　　(20%)　　⎫
全然　　　(0%)　　 ⎬ +否定形

这里的百分比是大概的数字。

词汇与文化信息

スポーツ・映画(えいが)・音楽(おんがく)　体育、电影、音乐

1. スポーツ　体育

サッカー	ラグビー	野球(やきゅう)	クリケット
バレーボール	バスケットボール	ピンポン／卓球(たっきゅう)	ボウリング
サーフィン	スノーボード	スキー	スケート

2. 映画(えいが)　电影

ミステリー 侦探片　　ラブストーリー 爱情片　　アニメ 动画片
サスペンス 惊险片　　ミュージカル 音乐片　　コメディー 喜剧片
ファンタジー 幻想片　　ドキュメンタリー 纪录片
ホラー 恐怖片

3. 音楽(おんがく)　音乐

クラシック 古典音乐　　ロック 摇滚乐　　ラップ 吟快板　　ジャズ 爵士乐
J(ジェー)-ポップ 日本流行歌曲　　演歌(えんか) 演歌（日本传统歌曲）

10 我是跟渡边小姐学的茶道

会话

金： 汤姆先生,这茶怎么样?
乔丹： 很好喝。我是第一次喝呢。
 是在日本学的吗?
金： 对,跟渡边小姐学的。
乔丹： 是吗。
金： 我教渡边小姐做韩国菜了。
乔丹： 金小姐和渡边小姐真是好朋友啊。

词汇

プレゼント		礼物
カード		卡片
えはがき	絵はがき	明信片
せんぱい	先輩	学长
こうはい*	後輩	后学
おちゃ	お茶	茶道
ネックレス		项链
ネクタイ		领带
シャツ		衬衫
おっと	夫	自己的丈夫
（ご）しゅじん	（ご）主人	（他人的）丈夫
つま	妻	自己的妻子
おくさん	奥さん	他人的妻子
こどもさん*	子供さん	他人的孩子
せっけん	石けん	肥皂
みかん		橘子
（ご）ちゅうもん	（ご）注文	点菜
サンドイッチ		三明治
スパゲティ		意大利面条
ステーキ		牛排
はし		筷子
スプーン		汤匙
ナイフ		餐刀
フォーク		叉子
て	手	手
レポート		报告
こうくうびん	航空便	航邮
にもつ	荷物	行李
かきとめ	書留	挂号信
いろ	色	颜色
セーター		毛衣
クラス		班级
かします　Ⅰ	貸します	借出
あげます　Ⅱ		给

おしえます Ⅱ	教えます	教
おくります Ⅰ	送ります	送
かけます[でんわを～] Ⅱ	かけます[電話を～]	打[电话]
かります Ⅱ	借ります	借来
ならいます Ⅰ	習います	学习
もらいます Ⅰ		得到
します Ⅲ		决定（物＋に）
はなします Ⅰ	話します	说
すてき[な]		极好
ひとつ	1つ	一个
ふたつ	2つ	两个
みっつ	3つ	三个
よっつ	4つ	四个
いつつ	5つ	五个
むっつ	6つ	六个
ななつ	7つ	七个
やっつ	8つ	八个
ここのつ	9つ	九个
とお	10	十个
いくつ		几个
―だい	―台	一辆、一台、一架（机械、车辆等的量词）
なんだい＊	何台	几辆、几台、几架
―まい	―枚	一张（纸张、邮票等薄片状物品的量词）
なんまい＊	何枚	几张
また		再、又
はじめて	初めて	第一次
～を おねがいします。	～を お願いします。	订～。来～。
いらっしゃいませ。		欢迎。
～に よろしく。		向～问好。

句型说明

动词句 4：动作的接收者及给予者用"に"来表示的动词

1. わたしは 友達に 傘を 貸しました。　我把伞借给朋友了。

   ● N1に　N2(物)を　V

   1) 动词"かします""あげます""おしえます""おくります"的动作接收者用助词"に"来表示。意思是"说话者把某物借、给、教、送与对方"。
   2) 在询问动作的接收者时使用"だれに"。
      A：だれに 傘を 貸しましたか。　你把伞借给谁了？
      B：友達に 貸しました。　借给朋友了。

2. わたしは マリーさんに 辞書を 借りました。　我向玛莉小姐借了一本字典。

   ● N1(人)に　N2(物)を　V

   1) "かります""もらいます""ならいます"是站在动作接收者的立场上进行叙述时使用的动词，动作的给予者用助词"に"来表示。"に"意思是"向、朝"。
   2) 在询问动作的给予者时使用"だれに"。
      A：だれに 辞書を 借りましたか。　你向谁借的字典？
      B：マリーさんに 借りました。　向玛莉小姐借的。

3. りんごを 7つ 買いました。　买了7个苹果。

   ● Nを　数＋量词　V

   1) 在数苹果、钥匙、椅子等东西时，从1到10使用量词"ひとつ、ふたつ…とお"。
   2) "いくつ"是在询问物品数量时使用的量词。意思是"几个、多少"。
      A：りんごを いくつ 買いましたか。　你买了几个苹果？
      B：7つ 買いました。　买了7个。

4. はしで すしを 食べます。　用筷子吃寿司。

　　●N で V

　1）这里的助词"で"用来表示在做某事时使用的手段或方法。

　2）在询问做某事时的方法或手段时使用"なんで"。
　　　A：何で すしを 食べますか。　用什么吃寿司？
　　　B：はしで 食べます。　用筷子吃。

① わたしは コーヒーと ケーキに します。　我要咖啡和蛋糕。

"N に します"是从复数中选择一项决定下来时使用的表现。根据选择对象的物品、时间、场所的不同，使用的疑问词也不同。疑问词有"なん""いつ""どこ""だれ"等。

　　〈在餐厅里的对话〉
　　A：何に しますか。　你要什么？
　　B：コーヒーと ケーキに します。　要咖啡和蛋糕。

词汇与文化信息

お祝い・お年玉・お見舞い　祝贺、压岁钱、探望

1. お祝い　祝贺

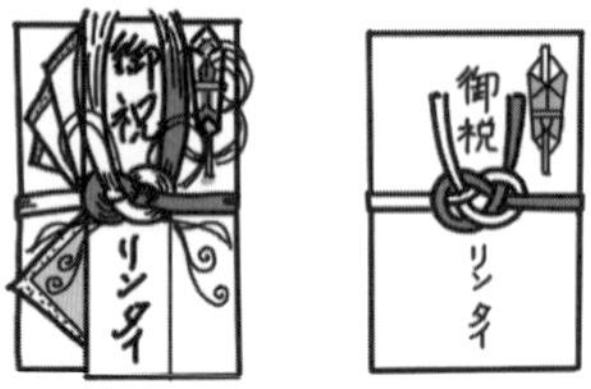

ご（入学）おめでとう ございます。
祝贺你（入学）。

卒業	毕业
結婚	结婚
就職	就职
出産	生孩子

2. お年玉　压岁钱

あけまして おめでとう ございます。
祝你新年快乐。

3. お見舞い　探望

お大事に。
请保重。

在表示祝贺时，除赠送现金以外，也有赠送礼品的。最近，用宅急便的形式将贺礼直接寄送到对方家中的情况多了起来。在收到贺礼后，一定要打电话、或写信告知对方礼品已收到，并表示感谢。而且，在其后相见时，也不要忘记向对方再说一句"谢谢上次寄送的礼物"。

11 东京和首尔哪边冷？

会话

乔丹： 金小姐，首尔是个什么样的城市？
金： 是个美丽的城市，有很多好吃的东西。
　　　不过，冬天很冷。
乔丹： 东京和首尔哪边冷？
金： 首尔冷得多。
乔丹： 欸，是吗。几月份最冷？
金： 2月份最冷。
乔丹： 金小姐冬季运动吗？
金： 不，因为我更喜欢待在暖和的屋子里。

词汇

はな	鼻	鼻子
め	目	眼睛
くび	首	脖子
あし	足	脚、腿
みみ	耳	耳朵
せ	背	身高
あたま	頭	头、头脑
かお*	顔	脸
くち*	口	嘴
からだ*	体	身体
りゅうがくせい	留学生	留学生
けいざい	経済	经济
～がくぶ	～学部	～系
けいざいがくぶ	経済学部	经济学系
かんきょう	環境	环境
がくひ	学費	学费
キャンパス		校园
れきし	歴史	历史
しごと	仕事	工作、劳动
てんぷら	天ぷら	天妇罗（把鱼类、贝类以及蔬菜油炸作成的料理）
とんカツ	豚カツ	炸猪排
のみもの	飲み物	饮料
いちご		草莓
すいか		西瓜
メロン		甜瓜
じゅうどう	柔道	柔道
スケート		滑冰
いちねん	1年	一年
はる	春	春天
なつ	夏	夏天
あき	秋	秋天
ふゆ	冬	冬天
どくしん	独身	单身

マンション		高级公寓
ちゅうしゃじょう	駐車場	停车场
おおい	多い	多
すくない＊	少ない	少
ながい	長い	长
みじかい	短い	短
あたたかい	暖かい	暖和
すずしい＊	涼しい	凉快
あかるい	明るい	明亮
くらい＊	暗い	昏暗
やさしい	優しい	温柔、亲切
はやい	速い	快
おそい＊	遅い	慢
うるさい		吵
たいせつ[な]	大切[な]	重要
まじめ[な]		认真
一ねん	一年	一年
なんねん＊	何年	哪年
一へいほうメートル（㎡）	一平方メートル	一平方米
どちら		哪个、哪一个（两者中的）
どちらも		哪个都～
ずっと		（比…）…得多
でも		不过

きゅうしゅう	九州	九州
マニラ		马尼拉
パリ		巴黎
なら	奈良	奈良
ソウル		首尔
さくらマンション		樱花高级公寓
みどりアパート		绿公寓

句型说明

比较

1. 東京は 人が 多いです。　东京人很多。

● N1 は N2 が A

这是叙述人或物特征的表现。

N1 是句子的主题，用助词"は"表示，"以 N2 が A"来对 N1 加以说明。N2 是形容词的主语，后接助词"が"。

上面的句子如果直译的话，可以译成"说起东京的话，那就是人很多"。

　　　　N1 は　　　　N2 が A
　　　　 ↑　　　　　　 ↑
　　　句子的主题　就主题所作的说明

2. ソウルは 東京より 寒いです。　首尔比东京冷。

● N1 は N2 より A

将两件事物加以比较时的表现。作为比较基准的 N2 用助词"より"来表示。"より"的意思是"比"。比较句中的形容词没有活用（语尾变化）。

3. A：肉と 魚と どちらが 好きですか。　鱼和肉，你喜欢吃哪个？
　　 B：魚の ほうが 好きです。　喜欢吃鱼。

● N1 と N2 と どちらが A か

● N1/N2 の ほうが A

"どちら"是比较两个事物时使用的疑问词。意思是"哪一个"。"どちら"可以用于所有的比较，无论是人、物还是场所。回答时使用"のほう"这一表现。如果双方相同的话，使用"どちらも"，意思是"哪个（两个）都～"

　　　A ：コーヒーと 紅茶と どちらが 好きですか。
　　　　　 咖啡和红茶，你喜欢喝哪个？
　　　Ｂ１：コーヒーの ほうが 好きです。　喜欢喝咖啡。
　　　Ｂ２：どちらも 好きです。　都喜欢。

4. スポーツで サッカーが いちばん 好きです。　在体育运动中，我最喜欢足球。

● N1で N2が いちばん A

比较三个以上的事物，从这一范围内选出第一加以明示时，要在形容词之前加上"いちばん"。使用疑问词时，物用"なに"，人用"だれ"，场所用"どこ"，时间用"いつ"。比较的范围如"スポーツで"一样，用助词"で"来表示。

　　A：スポーツで 何が いちばん 好きですか。
　　　　　在运动中，你最喜欢什么？
　　B：サッカーが いちばん 好きです。　最喜欢足球。

　　A：家族で だれが いちばん 背が 高いですか。　在你家，谁最高？
　　B：父が いちばん 背が 高いです。　父亲最高。

5. わたしの 部屋は 新しくて、静かです。　我的房间既新又安静。

● いAくて／なAで／Nで

将两个以上的形容词句或名词句并列接续时，活用形如下。い形容词句尾的"います"变为"くて"，な形容词句尾和名词句尾的"です"变为"で"。

　　いA：あたらしいです → あたらしくて
　　　　　＊いいです　　 → よくて
　　なA：　きれいです　 → きれいで
　　N ：　　２かいです　 → ２かいで

　　わたしの 部屋は 新しくて、静かです。　我的房间既新又安静。
　　わたしの 部屋は きれいで、静かです。　我的房间既干净又安静。
　　わたしの 部屋は ２階で、静かです。　我的房间在二楼，很安静。

词汇与文化信息

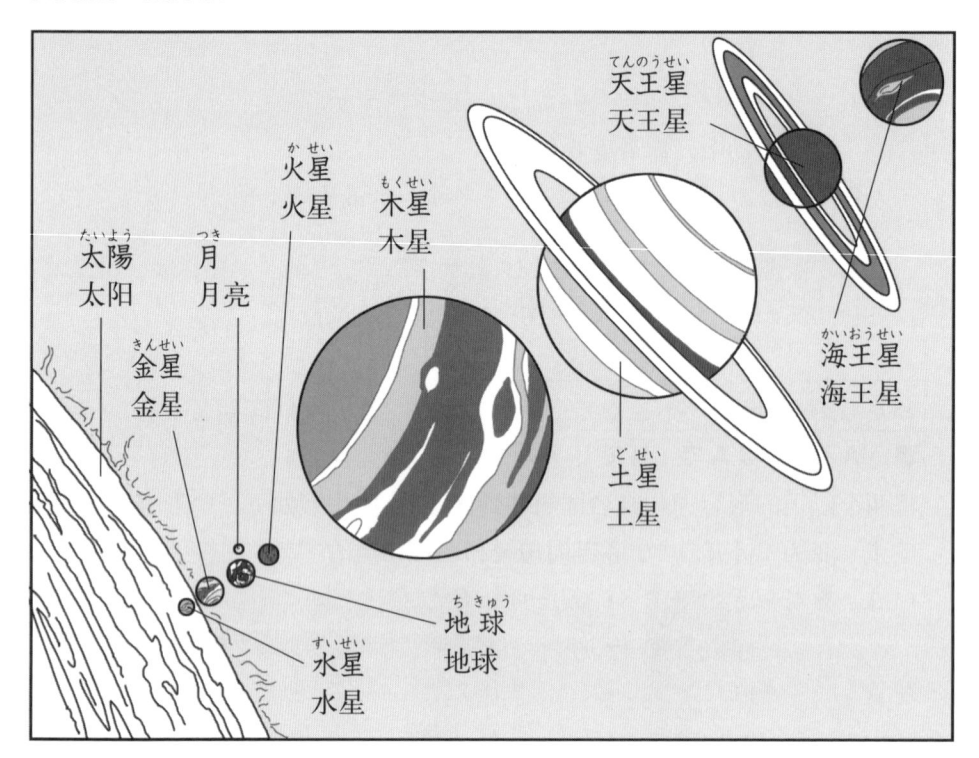

宇宙(うちゅう) 宇宙

1. 太陽系(たいようけい) 太阳系

- 太陽(たいよう) 太阳
- 月(つき) 月亮
- 金星(きんせい) 金星
- 水星(すいせい) 水星
- 地球(ちきゅう) 地球
- 火星(かせい) 火星
- 木星(もくせい) 木星
- 土星(どせい) 土星
- 天王星(てんのうせい) 天王星
- 海王星(かいおうせい) 海王星

2. 距離(きょり)・温度(おんど)・大(おお)きさ 距离、温度、大小

	太陽(たいよう)	地球(ちきゅう)	月(つき)	土星(どせい)
距離(きょり) 距离	150,000,000 km		1,500,000,000 km	
		384,000 km		
表面温度(ひょうめんおんど) 表面温度	6,000℃	15℃	107〜−153℃	−180℃
直径(ちょっけい) 直径	1,400,000 km	13,000 km	3,500 km	120,000 km

12 旅游怎么样？

会话

史密斯： 木村先生，这是广岛的特产，请收下。
木村： 啊，谢谢。旅游怎么样？
史密斯： 很愉快。
 不过，有点儿冷。
木村： 噢，是吗。
史密斯： 坐船去了宫岛。
木村： 景色怎么样？
史密斯： 非常美。
 拍了一些大海和岛屿的照片。
木村： 不错啊。

词汇

やすみ	休み	休息、假日、请假
ひるやすみ	昼休み	午休
はなみ	花見	赏花
おにぎり		饭团
じゅんび	準備	准备
ホテル		旅馆
じゅぎょう	授業	课
きもの	着物	和服
フェリー		轮船
くうこう	空港	机场
～たち		～们
わたしたち		我们
はし	橋	桥
あか	赤	红色
きいろ	黄色	黄色
けしき	景色	景色
しま	島	岛屿
はっぴょうします Ⅲ	発表します	发表
のぼります Ⅰ	登ります	攀登（山+に）
とまります Ⅰ	泊まります	住宿（旅馆+に）
きます Ⅱ	着ます	穿
ぬぎます* Ⅰ	脱ぎます	脱
かかります Ⅰ		花（时间、费用）
とります Ⅰ	撮ります	拍（照片）
きびしい	厳しい	严格
こわい	怖い	可怕
おもい	重い	重
かるい*	軽い	轻
つめたい	冷たい	冰冷

—ふん／ぷん	—分	一分
なんぷん	何分	几分
—じかん	—時間	一个小时
なんじかん	何時間	几个小时
—にち	—日	一天
なんにち＊	何日	几天
—しゅうかん	—週間	一个星期
なんしゅうかん＊	何週間	几个星期
—かげつ	—か月	一个月
なんかげつ	何か月	几个月
—ねん＊	—年	一年
なんねん＊	何年	几年
はんとし＊	半年	半年
どのぐらい		多少
あ		啊
ちょっと		稍微
〜ぐらい		〜左右
どうぞ。		请。
ありがとう。		谢谢。（在对朋友、比自己年轻的人表示感谢时使用，是一种比较随便的表现）

シアトル		西雅图
ローマ		罗马
プサン		釜山
ふくおか	福岡	福冈
かごしま	鹿児島	鹿儿岛
なりた	成田	成田
みやじま	宮島	宫岛

句型说明

形容词、名词句 2：过去（肯定、否定）

1. ナルコさんは 忙(いそが)しかったです。　　（昨天）纳鲁克先生很忙。
   ナルコさんは 元気(げんき)でした。　　（以前）纳鲁克先生身体很好。

   ●いA かったです／なA でした／N でした

   1) 形容词及名词句与动词一样，也有过去、非过去、肯定、否定这 4 个活用形。
   2) 过去肯定形的场合，い形容词是将句尾的"いです"变为"かったです"。
      な形容词和名词是将"です"变为"でした"。

   い A：　　いそがしいです　→　いそがしかったです
   　　　　　＊いいです　　　→　よかったです
   な A：　　げんきです　　　→　げんきでした
   N　 ：　かいしゃいんです　→　かいしゃいんでした

2. キムさんは 忙(いそが)しくなかったです。　　（昨天）金小姐不忙。
   キムさんは 元気(げんき)じゃ ありませんでした。　　（以前）金小姐身体不好。

   ●いA くなかったです／なA じゃ ありませんでした／N じゃ ありませんでした

   过去否定形的场合，い形容词是将"くないです"变为"くなかったです"。
   な形容词和名词是将"じゃありません"变为"じゃありませんでした"。

   い A：　　　いそがしくないです　　→　　いそがしくなかったです
   な A：　　　げんきじゃありません　→　　げんきじゃありませんでした
   N　 ：かいしゃいんじゃありません　→　かいしゃいんじゃありませんでした

	非过去		过去	
	肯定	否定	肯定	否定
いA	たかいです	たかくないです	たかかったです	たかくなかったです
なA	ひまです	ひまじゃありません	ひまでした	ひまじゃありませんでした
N	あめです	あめじゃありません	あめでした	あめじゃありませんでした

3.
> A：ホセさんは どのぐらい 日本語を 勉強しましたか。
> B：2週間 勉強しました。

A：郝瑟先生学了多长时间日语了？
B：学了两个星期了。

● どのぐらい

1）"どのぐらい"是询问时间和期间长短的疑问词。根据时间和期间的长短，回答时使用的量词有"—じかん""—にち""—しゅうかん"等。

2）除"どのぐらい"以外，还可以使用"なんじかん""なんにち""なんしゅうかん""なんかげつ""なんねん"等疑问词。

---

① 10日ぐらい かかります。　大约要十天左右。

"ぐらい"是表示大概的数量、期间等的助词。另外，表示大概时间时使用"ごろ"⇒第5课-①

"ぐらい"有时也读作"くらい"。

词汇与文化信息

1年の 行事　一年中的庆典活动

1月 初もうで
新年后首次
去寺庙参拜

2月 豆まき
撒豆驱邪

3月 ひな祭り
偶人节

卒業式
毕业典礼

4月 花見
赏花

入学式
入学典礼

5月 こどもの日
儿童节

7・8月 七夕
七夕

花火
焰火

盆踊り
盂兰盆会舞

9月 月見
赏月

10月 運動会
运动会

11月 七五三
七五三（祝贺孩子成长的节日，在男孩3岁、5岁时，女孩3岁、7岁时举行）

12月 大みそか
除夕

まとめ2

词汇

とり	鳥	鸟
かみ	髪	头发
ことば	言葉	语言、言词
ライオン		狮子
くじゃく		孔雀
ペンギン		企鹅
にんげん	人間	人
とります Ⅰ	捕ります	捕捉
めずらしい	珍しい	珍奇
いろいろ[な]		各种各样
～の なかで	～の 中で	在～中
こたえ	答え	回答
もんだい*	問題	问题

13 想吃点儿什么

会话

林： 庙会，真开心啊。
史密斯： 嗯，不过，真累了。手很疼。
林： 没事儿吧?
史密斯： 欸。不过，有点儿渴了。
林： 我肚子饿了。
史密斯： 嗯，想吃点儿什么。
林： 那我们找个地方去吃吧。
史密斯： 好啊。

词汇

ふとん	布団	被褥（日式）
（お）さら	（お）皿	碟子、盘子
コップ		杯子
ハイキング		郊游
しやくしょ	市役所	市政府
しちょう	市長	市长
こうじょう	工場	工厂
けんがく	見学	参观
スキー		滑雪
～かた	～方	～方法
つくりかた	作り方	制作方法、作成方法
すもう	相撲	相扑
チケット		票
だいがくいん	大学院	研究生院
ロボット		机器人
こうがく	工学	工学
ロボットこうがく	ロボット工学	机器人工学
しょうらい	将来	将来
あそびます Ⅰ	遊びます	玩儿
かえします Ⅰ	返します	归还
むかえます Ⅱ	迎えます	迎接
もちます Ⅰ	持ちます	拿、有
てつだいます Ⅰ	手伝います	帮忙
あらいます Ⅰ	洗います	洗
つかいます Ⅰ	使います	使用
ほしい	欲しい	想要
いたい	痛い	疼
だいじょうぶ[な]	大丈夫[な]	不要紧

—ねんせい	—年生	—年级学生
—(ねん)まえに	—(年)前に	—（年）前
ありがとう ございます。		谢谢。
がんばって ください。	頑張って ください。	加油。
どう しますか。		怎么办？
つかれました。	疲れました。	累了。
のどが かわきました。	のどが 渇きました。	口渴了。
おなかが すきました。		肚子饿了。

かぶきざ	歌舞伎座	歌舞伎剧场
ただいま。		我回来了。（用于回家时打招呼）
ホール		大厅

句型说明

ます形

1. わたしは お金が 欲しいです。　我想要钱。
   ● **N が 欲しいです**

   "ほしい"是表达说话者希望拥有某物这一愿望的表现。意思是"我想要~"。也可以用于询问听者的愿望时。"ほしい"的对象用助词"が"表示。

   "ほしい"是"い形容词"，活用与其他的"い形容词"相同。

   > "ほしいです""V たいです（⇒ **2**）"不能用于表达第三者的希望、愿望。另外，对上司或长辈用"ほしいですか""V たいですか（⇒ **2**）"是不礼貌的。
   > 例如在劝喝咖啡等时使用"いかがですか"这一表现：
   > コーヒーは いかがですか。　来杯咖啡如何？

2. わたしは 柔道を 習いたいです。　我想学柔道。
   ● **N を V たいです**

   1）"V たいです"是表达说话者希望做某件事这一愿望的表现。意思是"我想做~"。也可以用于询问听者的愿望时。"V たいです"的活用与"い形容词"相同。

   2）以"ます"完结的动词形态叫做"ます形（V ます）"。
   "たいです"是将"ます形"的"ます"改成了"たいです"。

   いきます → いきたいです
   たべます → たべたいです
   します → したいです

"ほしいです""V たいです"的活用如下：

	非过去		过去	
	肯定	否定	肯定	否定
	ほしいです	ほしくないです	ほしかったです	ほしくなかったです
	V たいです	V たくないです	V たかったです	V たくなかったです

3. わたしは 山へ 写真を 撮りに 行きます。　我去山里拍照。
わたしは 山へ ハイキングに 行きます。　我去山里远足。

● N1（场所）へ ［Vます／N2］に 行きます／来ます／帰ります

1）为了某一目的而去某地的表现。意思是"去～做～、为了做～而去～"。目的用助词"に"来表示。

2）句子的构成方法如下：
表示目的的词汇是动词时，将ます形的"ます"去掉后，放于助词"に"之前。
表示目的的词汇是名词时，直接后续助词"に"。

3）像"べんきょうします""しょくじします"这样"名词＋します"的动词为目的时，一般将"しにいきます"的"し"省略。
Ａ：リンさんは 山へ 何を しに 行きますか。　林先生去山里干什么？
Ｂ１：写真を 撮りに 行きます。　去拍照。
Ｂ２：ハイキングに 行きます。　去远足。

4. 手伝いましょうか。　我来帮你吧。

● Vましょうか

说话者向听话者提出要做某事时的表现。意思是"我来～吧"
把ます形的"ます"变为"ましょうか"。

つくります → つくりましょうか
とります → とりましょうか

听话者在接受提议时经常使用"ありがとうございます"，在拒绝时经常使用"いいえ、だいじょうぶです"。

----

① すき焼きを 作りたいんですが……。　我想做鸡素烧。

1）"Vたいんですが"用于说话者在提出问题、要求时，先很客气地讲明自己的状况和理由的场合。

2）"が"是连接两个句子的接续助词，用省略掉后续句子的形式来表示说话者客气、踌躇的心情。
这里的"が"没有"但是"的意思。

3）听话者要理解"が"之后省略掉的句子的意思，并予以对应。

② 作り方　作成方法

"つくりかた"是作成方法。

作成方法是把"Vます"的"ます"去掉后接"かた"。表示那一动作的做法、方法。

"Vます＋かた"是名词。

　　つくります → つくりかた　作成方法
　　たべます　 →　たべかた　 吃法

③ 何か 食べたいです。　想吃点儿什么。

疑问词"なに、どこ、だれ"＋助词"か",表示不能特定的某物、某场所以及某人。

　　何か 食べたいです。　想吃点儿什么。
　　どこか(へ) 行きたいです。　想去哪儿走走。
　　だれか いますか。　有人吗?

13 词汇与文化信息

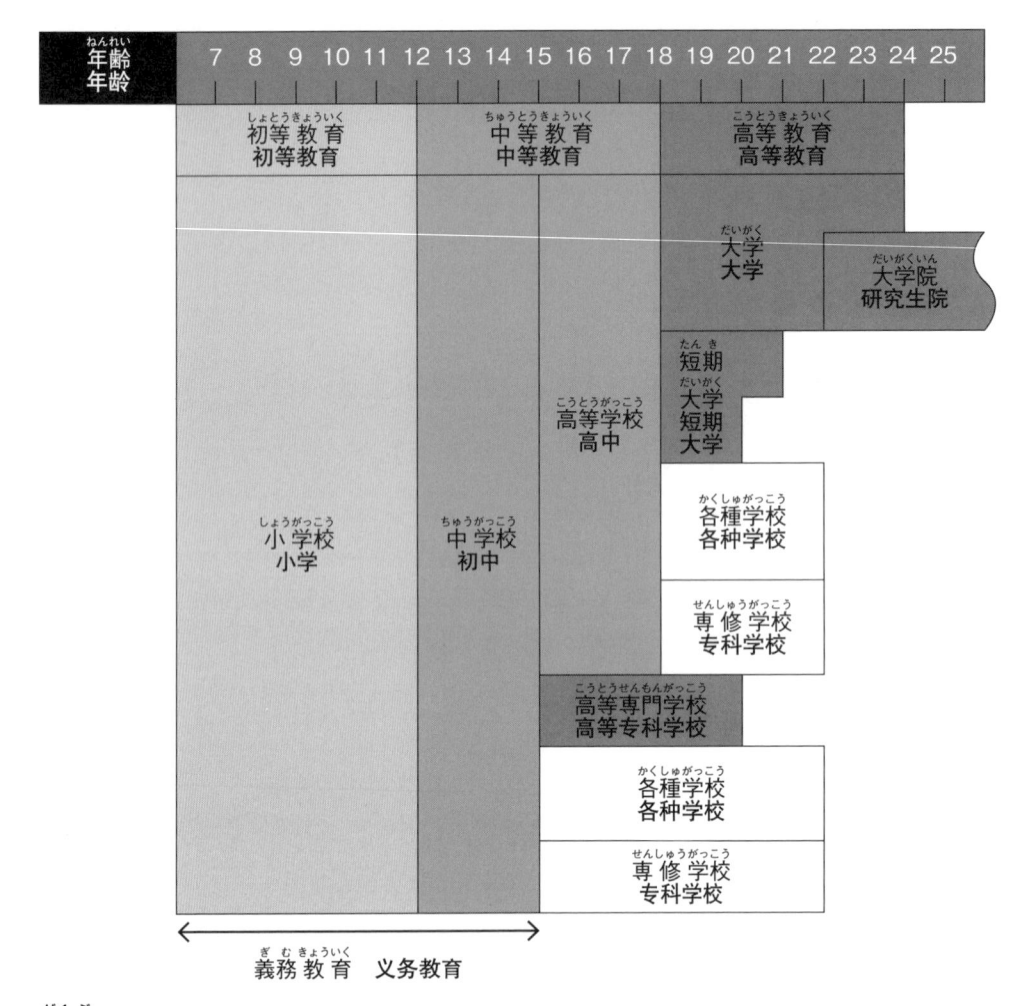

教育(きょういく) 教育

1. 日本(にほん)の 学校制度(がっこうせいど)　日本的学制

| 年齢(ねんれい)/年龄 | 7 | 8 | 9 | 10 | 11 | 12 | 13 | 14 | 15 | 16 | 17 | 18 | 19 | 20 | 21 | 22 | 23 | 24 | 25 |

- 初等教育(しょとうきょういく) 初等教育
- 中等教育(ちゅうとうきょういく) 中等教育
- 高等教育(こうとうきょういく) 高等教育
- 大学(だいがく) 大学
- 大学院(だいがくいん) 研究生院
- 短期大学(たんきだいがく) 短期大学
- 高等学校(こうとうがっこう) 高中
- 各種学校(かくしゅがっこう) 各种学校
- 専修学校(せんしゅうがっこう) 专科学校
- 小学校(しょうがっこう) 小学
- 中学校(ちゅうがっこう) 初中
- 高等専門学校(こうとうせんもんがっこう) 高等专科学校
- 各種学校(かくしゅがっこう) 各种学校
- 専修学校(せんしゅうがっこう) 专科学校

義務教育(ぎむきょういく) 义务教育

2. 学部(がくぶ) 系

理系(りけい)　理科
- 医学部(いがくぶ)　医学系
- 薬学部(やくがくぶ)　药物学系
- 工学部(こうがくぶ)　工学系
- 理学部(りがくぶ)　理学系
- 農学部(のうがくぶ)　农学系

文系(ぶんけい)　文科
- 法学部(ほうがくぶ)　法学系
- 経済学部(けいざいがくぶ)　经济学系
- 経営学部(けいえいがくぶ)　经营学系
- 文学部(ぶんがくぶ)　文学系
- 教育学部(きょういくがくぶ)　教育学系

14 我的爱好是听音乐

会话

渡边： 阿朗先生，你的爱好是什么？
马勒： 爱好吗？ 是听音乐。
渡边： 是吗，听什么音乐？
马勒： 听爵士乐和摇滚乐。渡边小姐呢？
渡边： 我也喜欢音乐。有时自己也作曲。
马勒： 那你会弹钢琴吗？
渡边： 嗯。
马勒： 我会弹吉他。
　　　下次我们一起搞个演奏会吧。

词汇

14

ギター		吉他
たたみ	畳	榻榻米
かれ	彼	男朋友、他
かのじょ	彼女	女朋友、她
りょうきん	料金	使用费
でんわりょうきん	電話料金	电话费
いけばな	生け花	插花
にんじゃ	忍者	（日本过去使用忍术的）密探
カラオケ		卡拉OK
ゆかた	浴衣	（夏季穿的简单的）和服
ペット		宠物
バーベキュー		烧烤
テント		帐篷
めざましどけい	目覚まし時計	闹钟
シャワー		淋浴
は	歯	牙
スピーチ		致辞
ブログ		博客
バスケットボール		篮球
ボウリング		保龄球
スノーボード		船形雪橇
ダンス		跳舞
からて	空手	空手拳
きょく	曲	曲
まちます Ⅰ	待ちます	等
しにます Ⅰ	死にます	死
ひきます Ⅰ	弾きます	弹
できます Ⅱ		能
すわります Ⅰ	座ります	坐（场所+に）
たちます* Ⅰ	立ちます	站

はらいます Ⅰ	払います	交
セットします Ⅲ		上（闹钟）
あびます[シャワーを〜] Ⅱ	浴びます[シャワーを〜]	冲[淋浴]
みがきます Ⅰ	磨きます	刷
でかけます Ⅱ	出かけます	出门
けします Ⅰ	消します	关
のります Ⅰ	乗ります	乗（交通工具＋に）
おります* Ⅱ	降ります	下（交通工具＋を）
はじめます Ⅱ	始めます	开始
みせます Ⅱ	見せます	给〜看
のせます Ⅱ	載せます	刊登（博客、媒体＋に）（报导、照片＋を）
一メートル(m)		一米
なんメートル(m)	何メートル	几米
この まえ	この 前	最近
じぶんで	自分で	自己
うん		嗯（比较随便的肯定回答。只用于比较亲近的人。）
〜とか		〜啦（并列）
〜 まえに		〜之前

はこね	箱根	箱根
ながの	長野	长野
みえ	三重	三重
にんじゃむら	忍者村	忍者（密探）村
ぶんかセンター	文化センター	文化中心
ますけい	ます形	ます形
じしょけい	辞書形	字典形

14

句型说明

14

动词分类
字典形
简体会话 1

1. 动词字典形

　　1）动词的类型

　　　　日语动词按活用分为Ⅰ型、Ⅱ型、Ⅲ型这三个类型。

　　　　Ⅰ型：ます形的"ます"之前是 50 音图い段假名的动词（-i ます）。
　　　　Ⅱ型：ます形的"ます"之前是 50 音图え段假名的动词（-e ます）
　　　　　　但是，Ⅱ型动词中也有例外，如"みます""かります""おきます"
　　　　　　"います"等。
　　　　Ⅲ型：不规则动词：きます、します

Ⅰ	かいます, おろします, かきます, まちます, あそびます, よみます, わかります等	-i ます
Ⅱ	おしえます, ねます, あげます, たべます等 *みます, かります, おきます, います等	-e ます -i ます
Ⅲ	きます します, べんきょうします, しょくじします等	不规则

　　2）字典形（Vdic.）是动词的基本活用形。因为字典上写的是这一活用形，所以叫做字典形。字典形后接各种表现使用。
　　　　字典形的作成方法如下：

		V ます	V dic.				V ます	V dic.	
I		かいます	かう	い→う	II		たべます	たべる	
		かきます	かく	き→く			ねます	ねる	
		およぎます	およぐ	ぎ→ぐ			みます	みる	ます→る
		はなします	はなす	し→す			かります	かりる	
		まちます	まつ	ち→つ	III		きます	くる	
		しにます	しぬ	に→ぬ			します	する	
		あそびます	あそぶ	び→ぶ					
		よみます	よむ	み→む					
		とります	とる	り→る					

2. わたしの 趣味は 本を 読む ことです。　　　我的爱好是看书。
   わたしの 趣味は　　　　音楽です。　　　　　我的爱好是音乐。

   ● わたしの 趣味は [V dic. こと / N] です

   是叙述爱好时的表现。

   "こと"接在字典形后，将动词名词化。

3. アランさんは ギターを 弾く ことが できます。　阿朗先生会弹吉他。
   アランさんは　　　　中国語が できます。　　　阿朗先生会中文。

   ● [V dic. こと / N] が できます

   这里的"できます"表示能力。"Vdic.＋こと"放在"できます"之前。

4. 図書館で CDを 借りる ことが できます。　　　在图书馆可以借CD。
   図書館で　　インターネットが できます。　　　在图书馆可以上网。

   ● [V dic. こと / N] が できます

   这里的"できます"表示在某种状况下，某一动作或行为是可能的。

5. 食べる まえに、手を 洗います。　吃东西之前要洗手。
食事の まえに、手を 洗います。　吃饭之前要洗手。

● $\begin{bmatrix} \text{V1 dic.} \\ \text{N の} \end{bmatrix}$ まえに、V2

这是在进行 V1 的动作之前，先要进行 V2 这一动作的表现。

V1 使用字典形，以 V2 来表示整个句子的时态。

"まえに"之前是名词时，后接"の"，即"N のまえに"的形式。

---

① 猫とか、犬とか。　猫啦、狗啦。

"とか"是列举时用的助词。

助词"や"只用于名词，而"とか"也可以用于名词以外的词汇。⇒ 第 8 课-③

② 上手では ありません。　不太熟练。

"ではありません"与"じゃありません"意思相同。"じゃありません"用于会话，而"ではありません"用于书面。

A：何か 食べる？　吃点儿什么吗?
B：うん、食べる。　嗯，吃点儿吧。

1）在日语会话中有敬体和简体这两种形态。敬体一般用于比较正式的场合，或在与不太熟悉以及不认识的人对话时。敬体的场合，使用的是以"です""ます"结束的礼貌形。简体一般用于朋友、家里人之间的对话，或上司及长辈对下级的讲话时。用简体会话时，句尾使用普通形。

2）字典型是非过去肯定形"V ます"的普通形。

3）简体的疑问句可以省略终助词"か"，以提高句尾的声调来表示疑问。另外"は""を"等一部分助词也可以省略。

词汇与文化信息

コンビニ　方便商店

1. 宅配便を　送る　　　　　　　　　送宅急便
2. 切手、はがき、収入印紙を　買う　　买邮票、明信片、印花税票
3. コピーを　する　　　　　　　　　复印
4. 銀行ＡＴＭで　お金を　下ろす　　　在银行的自动柜员机取钱
5. 公共料金（電話、電気、水道、ガスなど）を　払う　　交公用事业费（电话费、电费、自来水费、煤气费等）
6. 税金を　払う　　　　　　　　　　交纳税金
7. 国民健康保険料を　払う　　　　　交国民健康保险费
8. 有料ごみ処理券を　買う　　　　　买收费垃圾处置券
9. チケット（コンサート、スポーツ、映画など）を　買う　　买票（音乐会、体育比赛、电影等）

15 现在别的人用着呢

会话

差猜： 对不起。
　　　 我们想用一下篮球场。
传达： 是第一次吗？
差猜： 是。今天用，可以吗？
传达： 现在别的人用着呢，4点以后可以。
差猜： 是吗，知道了。那就4点以后吧。
传达： 那请你在这里写一下姓名和住址。
差猜： 好。

词汇

プリント		印刷品（印有练习题、作业等的）
なべ		锅
ボール		球
スリッパ		拖鞋
さんこうしょ	参考書	参考书、工具书
しりょう	資料	资料
すいせんじょう	推薦状	推荐信
ごみ		垃圾
だいどころ	台所	厨房
コート		球场
じゅうしょ	住所	住址
いそぐ Ⅰ	急ぐ	急
あつめる Ⅱ	集める	收集
コピーする Ⅲ		复印
きる Ⅰ	切る	切、断
いれる Ⅱ	入れる	放（什么+に）（物+を）
にる Ⅱ	煮る	煮、熬、炖
ならべる Ⅱ	並べる	摆、排
とる Ⅰ	取る	取
いう Ⅰ	言う	说
しゅうりする Ⅲ	修理する	修理
あがる Ⅰ	上がる	进（别人的家）、上（台阶）
はく Ⅰ	履く	穿（鞋等）
すてる Ⅱ	捨てる	扔
はこぶ Ⅰ	運ぶ	搬（场所+へ）（物+を）
ふく Ⅰ		擦
あぶない	危ない	危险
ほかの		别的

15

もう いちど	もう 一度	再一次
すぐ		马上
どうぞ		请
どうも		谢谢（用于强调感谢、抱歉的心情）
しつれいします。	失礼します。	打搅了。对不起。（进屋或离去时的客套话）
いただきます。		我吃啦。（用餐前的客套话）
すみませんが、～		对不起，～
いいですよ。		好啊。

てけい	て形	て形

句型说明

て形 1
简体会话 2

1. 动词て形

て形（Vて）可以连接动词，也可以后续具有各种意思的表现使用。

て形的作成方法因动词的类型不同而异。

て形的作成方法如下：

	V dic.	V て			V dic.	V て	
Ⅰ	かう まつ とる	かって まって とって	う つ→って る	Ⅱ	ねる たべる みる	ねて たべて みて	る→て
	よむ あそぶ しぬ	よんで あそんで しんで	む ぶ→んで ぬ	Ⅲ	くる する	きて して	
	かく いそぐ はなす *いく	かいて いそいで はなして いって	く→いて ぐ→いで す→して				

在本教科书中，形容词、名词的"いAくて""なAで""Nで"也叫做て形
⇒ 第11课-**5**

2. 先生：リンさん、プリントを 集めて ください。
リン：はい、分かりました。

老师：林同学，请你收一下卷子。

林：是，知道了。

● V て ください

说话者向听话者下达指示，或予以委托时使用的表现。

3. 木村：どうぞ、たくさん 食べて ください。　　木村：请多吃点儿。
ポン：どうも ありがとう ございます。　　　澎：谢谢。

● V て ください

也可以作为劝对方做某事的表现使用。句型 **2** 与 **3** 的区别，根据其状况以及文章的前后内容来加以判断。

4. キム：漢字を 書いて くださいませんか。
先生：ええ、いいですよ。

金：对不起，请写一下汉字，可以吗？

老师：欸，可以啊。

● V て くださいませんか

比 "V てください" 更为礼貌的请求表现，用于和上司或长辈说话时。作为开场白，往往使用 "すみませんが"。这一表现没有句型 **3** 所含的劝诱意思。

5. キムさんは 今 漢字を 書いて います。　　金小姐正在写汉字。

● V て います

表示动作正在进行的句型。

お皿、台所へ 運んで。　把盘子拿到厨房去。

在简体会话中，"V てください"的"ください"可以省略。

礼貌程度高低的顺序如下：

礼貌　　①窓を 開けて くださいませんか。　可以把窗子打开吗？
　　　　②窓を 開けて ください。　请把窗子打开。
平易　　③窓を 開けて。　开一下儿窗。

ここに 名前を 書いて ください。　请在这儿写上名字。

"に"是表示动作所向的助词。

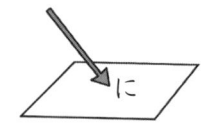

词汇与文化信息

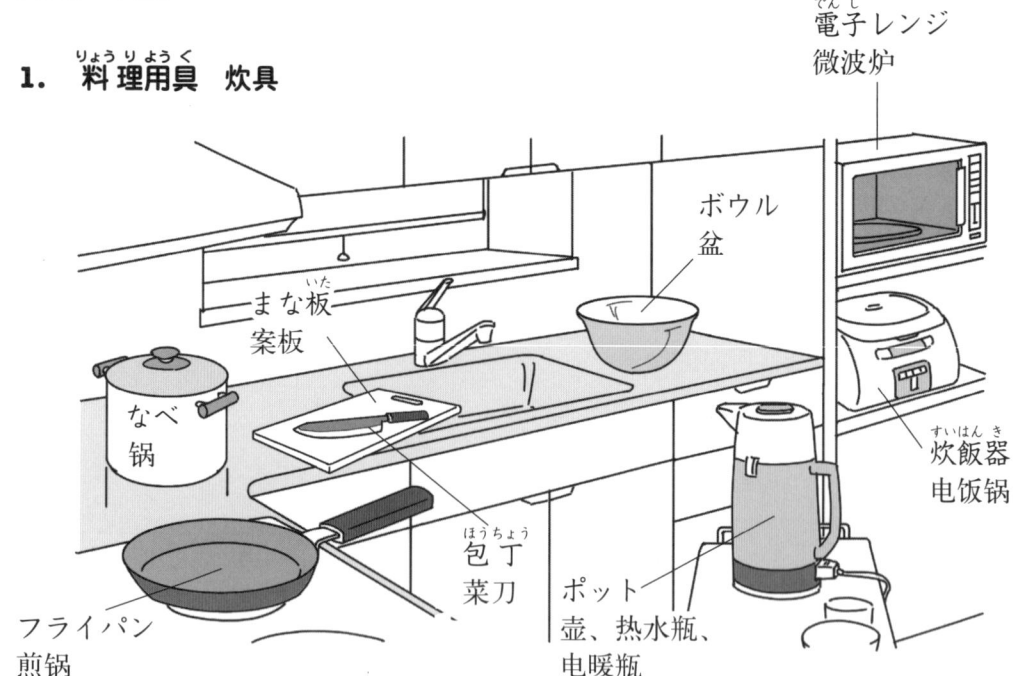

台所(だいどころ) 厨房

1. 料理用具(りょうりようぐ) 炊具

电子(でんし)レンジ 微波炉
ボウル 盆
まな板(いた) 案板
なべ 锅
包丁(ほうちょう) 菜刀
ポット 壶、热水瓶、电暖瓶
炊飯器(すいはんき) 电饭锅
フライパン 煎锅

2. 調味料(ちょうみりょう) 调料

砂糖(さとう) 砂糖　　塩(しお) 盐　　しょうゆ 酱油　　酢(す) 醋
ソース 沙司　　こしょう 胡椒　　油(あぶら) 油
マヨネーズ 蛋黄酱　　みそ 酱　　ケチャップ 蕃茄酱
とうがらし 辣椒　　ドレッシング 调味汁
バター 黄油　　マーガリン 人造黄油　　ジャム 果酱

3. 料理(りょうり)の動詞(どうし) 烹饪用的动词

焼(や)く 烤　　いためる 炒　　ゆでる 煮、焯　　蒸(む)す 蒸
沸(わ)かす 烧开、沸腾　　揚(あ)げる 炸　　混(ま)ぜる 搅拌　　煮(に)る 煮、熬、炖
炊(た)く 煮（饭）

4. 味(あじ) 味道

甘(あま)い 甜　　辛(から)い 辣　　塩辛(しおから)い／しょっぱい 咸
酸(す)っぱい 酸　　苦(にが)い 苦

16 可以摸一下吗？

会话

木村： 哇，是机器人啊！
黎： 欸，这个机器人会说话的。
木村： 可以摸一下吗？
黎： 请吧。还会帮着做事呢。
木村： 真的？
黎： 欸，早上7点，它会沏上咖啡，烤好面包拿来。
木村： 太棒了！可比我家的猫有用。

词汇

(お)かし	(お)菓子	点心
たばこ		香烟
ちゅうがくせい	中学生	初中生
びじゅつかん	美術館	美术馆
ふく	服	服装
デザイン		设计
かいしゃ	会社	公司
ばしょ	場所	场所
ばんごう	番号	号码
でんわばんごう	電話番号	电话号码
メールアドレス		电邮地址
かめ		乌龟
(お)しろ	(お)城	城堡
おひめさま	お姫様	小姐、公主
おどり	踊り	跳舞
そぼ	祖母	自己的祖母、外祖母
そふ*	祖父	自己的祖父、外祖父
おばあさん*		他人的祖母、外祖母
おじいさん*		他人的祖父、外祖父
ほんやく	翻訳	笔译
きかい	機械	机械
きかいこうがく	機械工学	机械工学
なか	仲	关系
(お)てつだい	(お)手伝い	帮忙
ほんとう	本当	真的
まいとし	毎年	每年
まいつき*	毎月	每月
チェックする Ⅲ		核对、检查
おく Ⅰ	置く	放置（场所＋に）（物＋を）
とめる Ⅱ	止める	停（场所＋に）（交通工具＋を）
すう[たばこを～] Ⅰ	吸う[たばこを～]	吸、抽[烟]
けっこんする Ⅲ	結婚する	结婚

すむ Ⅰ	住む	住（场所＋に）
けいえいする Ⅲ	経営する	经营
しる Ⅰ	知る	知道
きく Ⅰ	聞く	问
たすける Ⅱ	助ける	救助
のりかえる Ⅱ	乗り換える	换车（交通机关＋に）
たいしょくする Ⅲ	退職する	退职、退休
さわる Ⅰ	触る	触、摸
いれる Ⅱ	入れる	沏
やく Ⅰ	焼く	烤
もって くる Ⅲ	持って 来る	拿来
もって いく* Ⅰ	持って 行く	拿去
やくに たつ Ⅰ	役に 立つ	有用
すごい		了不起
どうやって		怎么（做）
すぐ		很近
もう		已经
あのう		那个…、嗯（用于在考虑要怎样说时）
わあ		哇

しんじゅく	新宿	新宿
うえの	上野	上野
ひがしぎんざ	東銀座	东银座
うえのどうぶつえん	上野動物園	上野动物园
こうきょ	皇居	皇居（日本天皇居住的宫殿）
ローラ		罗拉
モハメド		默罕莫德
たろう	太郎	太郎
JR（ジェイアール）		JR（日本铁道）
さくらだいがく	さくら大学	樱花大学

ユースホステルへ ようこそ		欢迎光临青年旅舍
ゆ	湯	浴池（表示是"浴池"的标志）

句型说明

て形 2

1. 写真を 撮っても いいです。　可以照相。
   - ● V ても いいです

   许可的表现。

   疑问句"V てもいいですか"是请求对方许可的表现。

   在对方请求给予许可的场合，如接受这一请求，一般说"ええ、いいですよ。""ええ、どうぞ。"，如拒绝的话则委婉地回答说"すみません。ちょっと……"。

   A：写真を 撮っても いいですか。　可以拍照吗？
   B1：ええ、いいですよ。　欸，可以。
   B2：すみません。ちょっと……。　对不起，嗯…。

2. 教室で ジュースを 飲んでは いけません。　教室里不能喝汽水。
   - ● V ては いけません

   禁止的表现。一般用于在说明街上及公共设施等公共场所的规则时。

3. ナルコさんは 結婚して います。　纳鲁克先生结婚了。
   - ● V て います

   表示过去的动作结果一直延续至今的状态。

   另外，也可作为叙述反复习惯性的动作以及职业的表现使用。

   　　ナルコさんは 大学で 働いて います。　纳鲁克先生在大学工作。

4. 宿題を して、メールを 書いて、寝ました。

   先作了作业，又写了邮件，然后才睡。
   - ● V1 て、(V2 て、) V3

   这是用て形将动词连接起来，表示几个连续的动作。连用的动词一般是两、三个。时态在句尾表示。

① A：さくら大学の 場所を 知って いますか。 你知道樱花大学的地点吗？
　 B：いいえ、知りません。 不，我不知道。
"しっています"的否定形是"しりません"，而不是"しっていません"。

词汇与文化信息

駅(えき) 车站

> 2番線(ばんせん)に 電車(でんしゃ)が 参(まい)ります。
> 危(あぶ)ないですから、黄色(きいろ)い 線(せん)の 内側(うちがわ)まで 下(さ)がって ください。
> 2号线站台列车即将进站。
> 请大家不要超越黄线，以防危险。

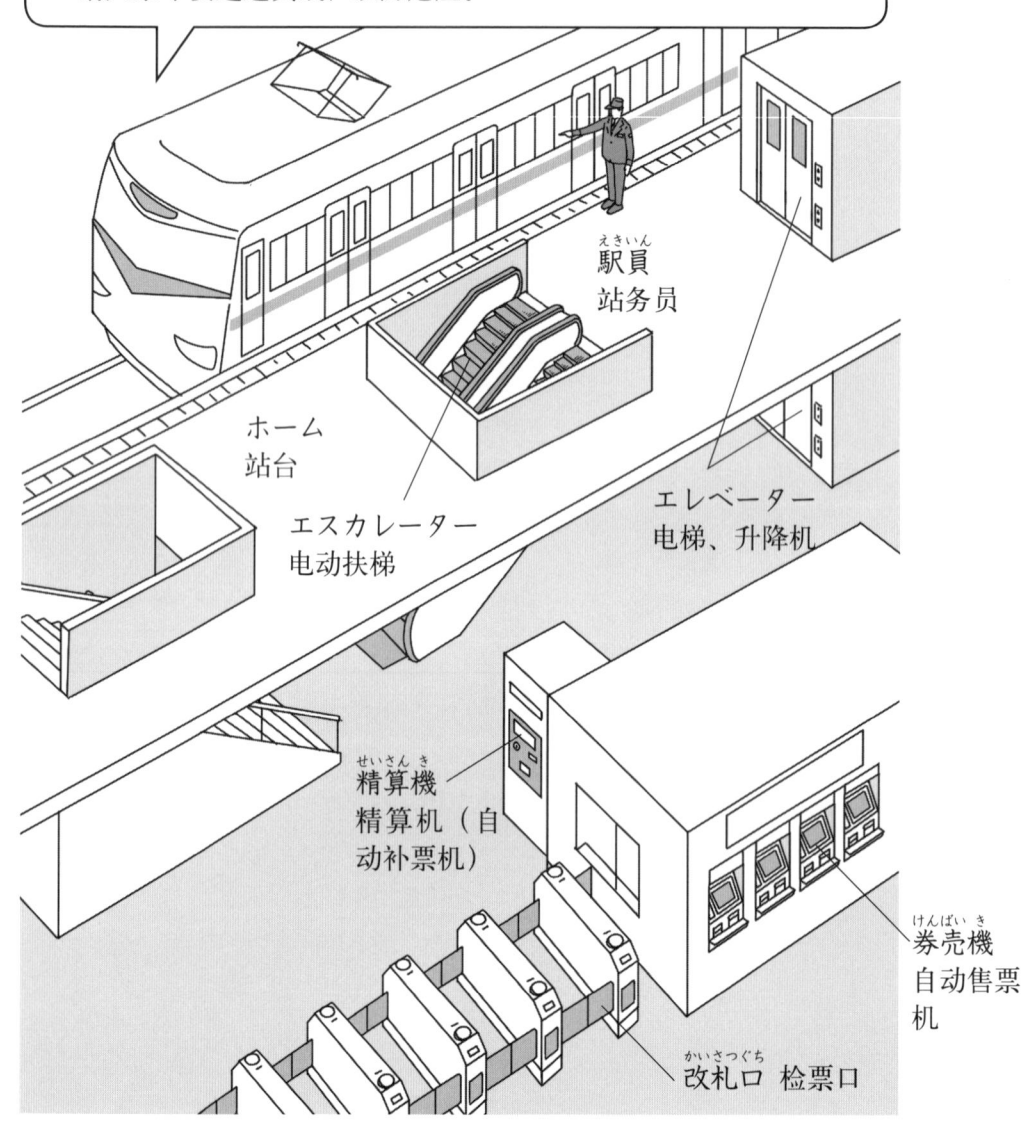

駅員(えきいん) 站务员

ホーム 站台

エスカレーター 电动扶梯

エレベーター 电梯、升降机

精算機(せいさんき) 精算机（自动补票机）

券売機(けんばいき) 自动售票机

改札口(かいさつぐち) 检票口

中央口(ちゅうおうぐち) 中央口　　東口(ひがしぐち) 东口　　西口(にしぐち) 西口
南口(みなみぐち) 南口　　北口(きたぐち) 北口　　待合室(まちあいしつ) 候车室

17 请不要太勉强

会话

林： 玛莉小姐，一起回去好吗？
史密斯： 对不起，你先回去吧。
 我想再练习一会儿后回去。
林： 玛莉小姐练习真努力啊。
史密斯： 欸，因为这个星期六在市民球场有比赛。
林： 是吗。那你好好练吧。
 不过，请不要太勉强啊。
史密斯： 谢谢。

词汇

はと		鸽子
えさ		饵食
いけ	池	池塘
えだ	枝	树枝
せんせい	先生	教师、律师、医生（打招呼时用的敬称）
ぜいきん	税金	税金
しけん	試験	考试
さくぶん	作文	作文
おうさま	王様	国王
ちゅうがく	中学	初中
こうこう	高校	高中
でんげん	電源	电源
ファイル		文件夹
アドレス		电邮地址
しあい	試合	比赛
せん	栓	塞子
(お)ゆ	(お)湯	洗澡水、热水
タオル		毛巾
にさんにち	2、3日	两、三天
なく Ⅰ	泣く	哭
わらう Ⅰ	笑う	笑
おす Ⅰ	押す	推
おこる Ⅰ	怒る	生气
やる[えさを～] Ⅰ		喂[饲料]、给（对象为动物、植物或下级时）
おる Ⅰ	折る	折
うんてんする Ⅲ	運転する	开车

うける[しけんを～] Ⅱ	受ける[試験を～]	参加[考试]、应试、投考
ならぶ Ⅰ	並ぶ	排
あやまる Ⅰ	謝る	道歉
やる[テニスを～] Ⅰ		打[网球]、做、干、搞（比"する"随便的说法）
そつぎょうする Ⅲ	卒業する	毕业
きる Ⅰ	切る	关
ほぞんする Ⅲ	保存する	保存
そうしんする Ⅲ	送信する	发信
さくじょする Ⅲ	削除する	消除
とうろくする Ⅲ	登録する	登录
かける Ⅱ		浇（物+に）（液体、粉的物品+を）
ぬく Ⅰ	抜く	拔
でる Ⅱ	出る	出来
ある Ⅰ		有
がんばる Ⅰ	頑張る	加油
むりを する Ⅲ	無理を する	勉强
ない		没有（"ある"的否定形）
まだ		还
ぜんぶ	全部	全部
さきに	先に	先
もう すこし	もう 少し	再～一会儿
ううん		嗯（比较随便的否定回答。只用于比较亲近的人。）

しみんグラウンド	市民グラウンド	市民球场、市民运动场
おめでとう ございます。		恭喜。
ないけい	ない形	ない形

句型说明

ない形
て形 3
简体会话 3

1. 动词的ない形

   ない形后续各种表现使用。
   ない形的作成方法因动词类型而异。

   Ⅰ型：把字典形最后的音节"-u"变为"-a ＋ ない"。
   　　　（但是"—う"不是变为"—あない"，而是"—わない"）
   Ⅱ型：把字典形的"る"变为"ない"。
   Ⅲ型："くる→こない""する→しない"

	V dic.	V ない			V dic.	V ない	
Ⅰ	かう かく はなす まつ しぬ あそぶ よむ かえる *ある	かわない かかない はなさない またない しなない あそばない よまない かえらない ない	う→わ く→か す→さ つ→た ぬ→な ぶ→ば む→ま る→ら	ない	Ⅱ	ねる みる	ねない みない	る→ない
					Ⅲ	くる する	こない しない	

2. 写真を　撮らないで　ください。　　请不要照相。
   ● V ないで ください
   要求或指示对方不要进行某一动作时的表现。

3. 税金を 払わなくても いいです。　可以不交税金。
    ● V なくても いいです
    这是表示没有必要进行某一动作的表现。

4. 晩ご飯を 食べてから、テレビを 見ます。　吃过晚饭后看电视。
    ● V1 てから、V2
    显示动作前后关系的表现。表示在 V1 的动作完成后，进行 V2 的动作。时态在句尾表示。

---

① 市民グラウンドで 試合が あります。　市民球场有比赛。
   这是表示有活动举办或有事情发生的表现。以助词"で"来表示活动举办或事情发生的场所。

① A：サッカーの 試合、見に 行く？　去看足球比赛吗？
   B：ううん、行かない。　嗯，不去。
   ない形是非过去否定形"V ません"的普通形。

② 砂糖、入れないで。　别放糖。
   在简体会话时，将"V ないでください"变为"V ないで"。
   ⇒ 第 15 课

词汇与文化信息

コンピューターと メール　电脑和电子邮件

1. コンピューター　电脑

新規作成（しんきさくせい）新建　　開く（ひらく）打开　　上書き保存（うわがきほぞん）保存
印刷（いんさつ）印刷　　印刷プレビュー（いんさつ）印刷预览
スペルチェック　拼写和语法检查
切り取り（きりとり）剪切　　コピー　复制　　貼り付け（はりつけ）粘贴
書式（しょしき）の コピー／貼り付け（はりつけ）格式复制／粘贴　　戻る（もどる）撤销、恢复
やり直す（なおす）更正
ファイル（F）文件　　編集（へんしゅう）（E）编辑　　表示（ひょうじ）（V）视图
挿入（そうにゅう）（I）插入　　書式（しょしき）（O）格式

2. メール　电子邮件

メールの 作成（さくせい）创建邮件　　返信（へんしん）回信　　全員（ぜんいん）へ 返信（へんしん）全部答复
転送（てんそう）转发　　印刷（いんさつ）印刷　　削除（さくじょ）删除
送受信（そうじゅしん）发送／接收

18 我没看过相扑

会话

木村： 汤姆先生，你喜欢相扑吗？
乔丹： 非常喜欢。
木村： 去看过吗？
乔丹： 没有，都是在电视上看的。木村女士呢？
木村： 我去看过好几次呢。
　　　 下次，我们一起去，好不好？
乔丹： 欸，真的？
木村： 还可以和相扑力士一起照相，握手呢。
乔丹： 哇，谢谢。那我可等着啦。

词汇

かぶき	歌舞伎	歌舞伎（日本传统音乐戏剧）
ぼんおどり	盆踊り	盂兰盆会舞（夏季跳的日本民间舞蹈）
パンフレット		小册子
ひっこし	引っ越し	搬家
ガス		煤气
ガスがいしゃ	ガス会社	煤气公司
すいどう*	水道	自来水
ろんぶん	論文	论文
わすれもの	忘れ物	遗失物品
こいびと	恋人	恋人
なっとう	納豆	纳豆
ぞう	象	大象
あくしゅ	握手	握手
ホームステイする Ⅲ		住宿于民家
さがす Ⅰ	探す	找
にづくりする Ⅲ	荷造りする	准备行李
れんらくする Ⅲ	連絡する	联络
きが つく Ⅰ	気が つく	注意到（事物＋に）
だす Ⅰ	出す	提出、拿出
しっぱいする Ⅲ	失敗する	失败
わかれる Ⅱ	別れる	分别、分手（人＋と）
かんせいする Ⅲ	完成する	完成
おもいだす Ⅰ	思い出す	想起
たのしみに する Ⅲ	楽しみに する	期盼着
だいすき[な]	大好き[な]	非常喜欢
—かい	—回	—次
なんかい	何回	几次

どの	哪个（三个以上中的哪个，后接名词）
ぜひ	一定
やっと	好不容易
えっ	欸（用于表示惊讶、吃惊时）
～あとで	～之后
いつが いいですか。	什么时候好?
いつでも いいです。	什么时候都可以。

たけい	た形	た形

句型说明

た形

简体会话4

1. 动词た形

"た形"后续各种表现使用。

"た形（Vた）"的作成方法与"て形"相同，是将"て形"的"て"变成"た"。

	V dic.	V て	V た			V dic.	V て	V た	
I	かう	かって	かった	て→た	II	たべる	たべて	たべた	て→た
	かく	かいて	かいた			みる	みて	みた	
	かす	かして	かした		III	くる	きて	きた	
	よむ	よんで	よんだ			する	して	した	

2. わたしは 北海道へ 行った ことが あります。　　我去过北海道。

● Vた ことが あります

是叙述过去体验的表现。体验的内容用"Vた＋こと"来表示。

不能用在像下面那样单纯叙述过去的动作和事情的句子里。

　　　　わたしは 昨日 カメラを 買いました。　我昨天买了一架照相机。

3. わたしは テレビを 見たり、本を 読んだり します。

我看看电视、看看书什么的。

● V1たり、V2たり します

从很多动作中，举出几个有代表性的例子来叙述的表现。时态在句尾用"します"来表示。

4. わたしは 　　泳いだ あとで、30分 寝ました。　我游泳之后睡了30分钟。
　　わたしは ジョギングの あとで、30分 寝ました。　我慢跑之后睡了30分钟。

● [V1た / Nの] あとで、V2

V1／N 的动作做完之后，接着去做 N2 这一动作的表现。

时态在句尾表示。

"V たあとで"所要表现的重点是动作的顺序，即哪个动作在先，哪个动作在后。

相对于此，"V てから"所要表现的是动作的连续性，即在做完一个动作后，接着去做另一个动作。⇒ 第17课-**4**

① 何回も 行った ことが あります。　去过好几次了。

"なんかいも"是"好几次"的意思。"なん+量词+も"表示那一数字对说话者来说感觉是相当多的。

　　何時間も 勉強しました。　学习了好几个小时了。

A：何時に うちへ 帰った？　你几点回家的？
B：6時に 帰った。　六点回来的。

"た形"是过去肯定形，"V ました"是普通形。

いつでも いいです。　什么时候都可以。

疑问词"いつ、なん、どこ、だれ、どちら＋でも"是"什么时候、什么、什么地方、谁、哪一个都可以"的意思。

いつでも いいです。　什么时候都可以。
何でも いいです。　什么都可以。
どこでも いいです。　什么地方都可以。
だれでも いいです。　谁都可以。
どちらでも いいです。　哪一个都可以。

助词"を"表示外出离开、下来的场所；"に"表示进入、搭乘的场所。

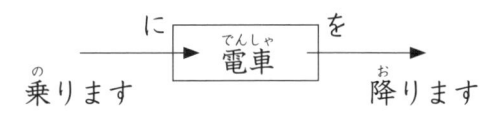

　　　　に　┌─────┐　を
　　　───→│ 電車 │───→
　　　　　　└─────┘
　　　乗ります　　　　　降ります

電車を 降ります。下车。　　部屋を 出ます。走出房间。
電車に 乗ります。上车。　　部屋に 入ります。走进房间。

词汇与文化信息

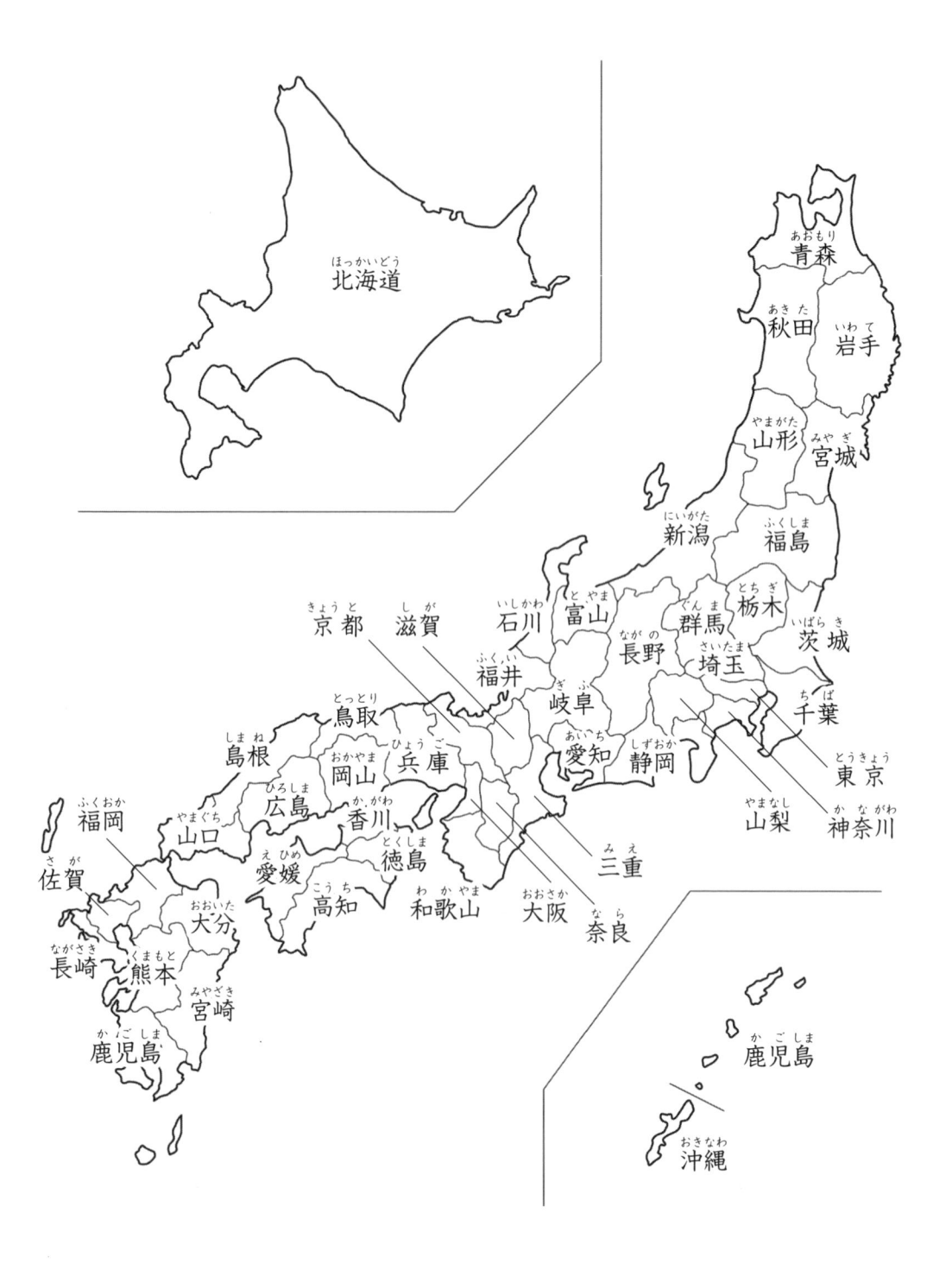

都道府県（とどうふけん）　都道府县

- 北海道（ほっかいどう）
- 青森（あおもり）
- 秋田（あきた）
- 岩手（いわて）
- 山形（やまがた）
- 宮城（みやぎ）
- 新潟（にいがた）
- 福島（ふくしま）
- 京都（きょうと）
- 滋賀（しが）
- 石川（いしかわ）
- 富山（とやま）
- 長野（ながの）
- 群馬（ぐんま）
- 栃木（とちぎ）
- 茨城（いばらき）
- 福井（ふくい）
- 岐阜（ぎふ）
- 埼玉（さいたま）
- 千葉（ちば）
- 鳥取（とっとり）
- 島根（しまね）
- 岡山（おかやま）
- 兵庫（ひょうご）
- 愛知（あいち）
- 静岡（しずおか）
- 東京（とうきょう）
- 山梨（やまなし）
- 神奈川（かながわ）
- 福岡（ふくおか）
- 山口（やまぐち）
- 広島（ひろしま）
- 香川（かがわ）
- 徳島（とくしま）
- 三重（みえ）
- 佐賀（さが）
- 愛媛（えひめ）
- 高知（こうち）
- 和歌山（わかやま）
- 大阪（おおさか）
- 奈良（なら）
- 大分（おおいた）
- 長崎（ながさき）
- 熊本（くまもと）
- 宮崎（みやざき）
- 鹿児島（かごしま）
- 沖縄（おきなわ）

18

134

まとめ3

词汇

ピザ		比萨饼
せんもんがっこう	専門学校	专科学校
カップ		茶杯
コーヒーカップ		咖啡杯
フリーマーケット		跳蚤市场
あなた		你
みつける Ⅱ	見つける	发现
ほんとうに	本当に	真的

19 我觉得车站既明亮又干净

会话

林： 玛莉小姐，你觉得东京的电车怎么样？
史密斯： 嗯，我觉得很方便，但是交通高峰时间挤得够呛。
林： 是啊。
史密斯： 另外，我觉得电车上的广播和车站的铃声都很吵。
林： 是吗。金小姐觉得怎么样？
金： 玛莉小姐说很吵，可我觉得挺亲切。我还觉得车站既明亮又干净。

词汇

ちきゅう	地球	地球
じんこう	人口	人口
つき	月	月亮
しゅるい	種類	种类
(お)いしゃ(さん)	(お)医者(さん)	医生
かぜ	風邪	感冒
インフルエンザ		流感
くすり	薬	药
ようじ	用事	事情
ぼうねんかい	忘年会	年终宴会
ミーティング		会议
そうべつかい	送別会	欢送会
こくさいけっこん	国際結婚	国际结婚
しゅうかん	習慣	习惯
りゅうがく	留学	留学
はれ	晴れ	晴
くもり*	曇り	阴
もり	森	森林
かわ	川	河流
みなと	港	港口
きもち	気持ち	心情
ラッシュアワー		交通高峰时间
ベル		铃
むかし	昔	以前
そう		那样
おもう Ⅰ	思う	想
ふえる Ⅱ	増える	增加
へる* Ⅰ	減る	减少
なくなる Ⅰ		消失、丢失
なおる Ⅰ	治る	痊愈

19

のむ[くすりを～] Ⅰ	飲む[薬を～]	吃[药]
でる Ⅱ	出る	出席（聚会+に）
ちがう Ⅰ	違う	不同
あるく Ⅰ	歩く	走
みえる Ⅱ	見える	看见
つかれる Ⅱ	疲れる	累
きびしい	厳しい	严格
ひつよう[な]	必要[な]	必需
これから		今后
ちょっと		一点儿
それに		而且
さあ		呀
～に ついて		对于～
そうですね。		是啊。
おだいじに。	お大事に。	请保重。（对病人讲的客套话）
こんで います	込んで います	拥挤

ていねいけい	丁寧形	礼貌形
ふつうけい	普通形	普通形

句型说明

普通形
简体会话 5

1. 普通形

   1) 日语分为敬体与简体两种文体。敬体在句尾使用礼貌形，简体在句尾使用普通形。⇒第14课

      简体除了可以用于会话之外，也可以用于新闻报道，论文等。

   2) 普通形和后续的各种表现一起，即可用于敬体的句子，也可用于简体的句子。

      字典形是礼貌形"Ｖます"、ない形"ません"及た形"Ｖました"的普通形。在这课中，我们来学习相当于"Ｖませんでした"的动词的普通形（过去否定）和形容词、名词的普通形。

   3) 普通形的作成方法

      动词过去否定是将"ない"变为"なかった"。

      よまない → よまなかった
      たべない → たべなかった
      　こない → 　こなかった

      い形容词的普通形是去掉礼貌形的"です"。

      | 非过去肯定 | おおきいです | → おおきい |
      | 过去肯定 | おおきかったです | → おおきかった |
      | 非过去否定 | おおきくないです | → おおきくない |
      | 过去否定 | おおきくなかったです | → おおきくなかった |

      な形容词和名词的普通形如下：

      | 非过去肯定 | ひまです | → ひまだ |
      | 过去肯定 | ひまでした | → ひまだった |
      | 非过去否定 | ひまじゃありません | → ひまじゃない |
      | 过去否定 | ひまじゃありませんでした | → ひまじゃなかった |

2. バスは すぐ 来ると 思います。　公共汽车马上就会来。
　●普通形と 思います

1）"とおもいます"是说话者在讲述自己的意见和感想、或作出推测时使用的表现。
　　意见、感想、推测的内容以普通形的形式，放在引用时使用的助词"と"之前表示。否定句的场合，助词"と"之前使用否定形。
　　バスは すぐ 来ないと 思います。　公共汽车不会马上来。

2）在询问对方意见、感想时使用"～についてどうおもいますか"。
　　"どう"之后不用助词"と"。
　　A：地下鉄に ついて どう 思いますか。　你觉得地铁怎么样？
　　B：便利だと 思います。　很方便。

3）在赞成对方所说时，使用"そうおもいます"
　　A：漢字の 勉強は 大変ですが、役に 立つと 思います。
　　　　我觉得汉字学习虽然很难，不过很有用。
　　B：わたしも そう 思います。　我也这么觉得。

3. アランさんは 時間が ないと 言いました。　阿朗先生说没有时间。
　●普通形と 言います

1）"といいます"是间接引用某人发言时的表现。
　　引用部分一般使用普通形，以助词"と"表示。
　　引用的句子不受主句时态的影响。

2）在询问发言的内容时，像下面这样，使用疑问词"なん"。
　　A：アランさんは 何と 言いましたか。　阿朗先生怎么说的？
　　B：時間が ないと 言いました。　他说没有时间。

① 疲れたが、気持ちが よかった。　虽然有些累，不过心情很舒畅。
不论是口语还是书面语，简体放在接续助词"が""から"之前时都使用普通形。
简体：楽しかったから、また 行きたい。
敬体：楽しかったですから、また 行きたいです。
因为玩儿得很愉快，所以下次还想去。

A：今日、暇？　今天有空儿？
B：うん。　欸。
在用名词和な形容词的简体对话时，"です"的简体"だ"可以省略。
　　　A ：あした 休み？　明天休息？
　　　B１：うん、休み。　嗯，休息。
　　　B２：ううん、休みじゃ ない。　嗯，不休息。

森の 中を 歩きます　在森林里走。
"を"是表示通过场所的助词。
---

19 词汇与文化信息

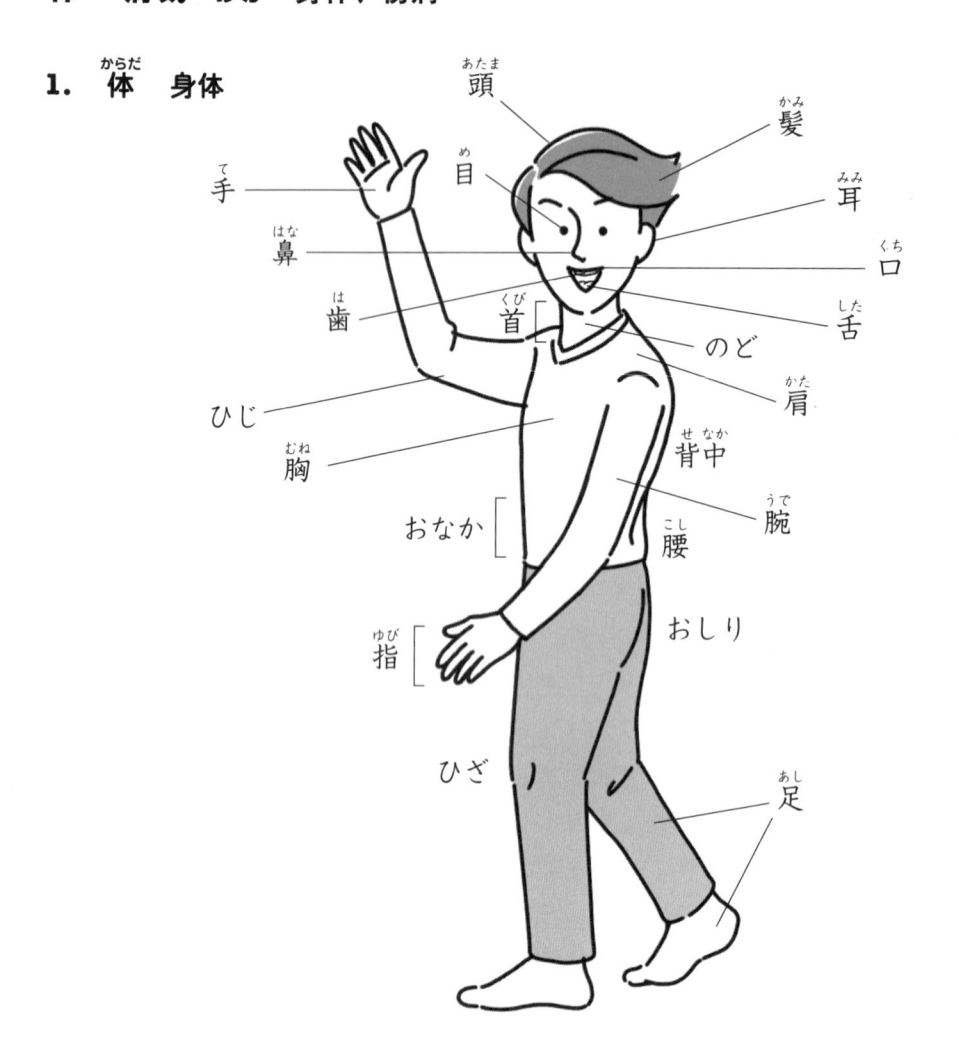

体・病気・けが　身体、伤病

1. 体　身体

頭　髪　目　耳　手　鼻　口　歯　首　した　のど　ひじ　肩　胸　背中　おなか　腰　腕　指　おしり　ひざ　足

2. 病気・けが　伤病

おなかが 痛いです　肚子疼。
熱が あります　发烧了。　　　　せきが 出ます　咳嗽。
寒けが します　身上发冷。　　　吐きけが します　想吐。
便秘です　便秘。　　　　　　　下痢です　拉肚子。
やけどしました　烫伤了。烧伤了。

風邪 感冒　　インフルエンザ 流感　　ねんざ 扭伤、挫伤　　骨折 骨折
花粉症 花粉症　　アレルギー 过敏

20 这是女朋友送的T恤衫

会话

乔丹： 澎先生，你这件T恤衫不错啊。

差猜： 谢谢。

乔丹： 是新的T恤衫?

差猜： 欸，是吧。

乔丹： 我也想要件新的T恤衫，可是没时间去买。

差猜： 是吗。我经常在因特网上购物。

乔丹： 那这件T恤衫也是在网上买的吗?

差猜： 不是，这是女朋友送的T恤衫。

乔丹： 好让人羡慕啊。

词汇

ひ	火	火
ビル		高楼
きけん	危険	危险
うちゅう	宇宙	宇宙
うちゅうステーション	宇宙ステーション	空间站
ゆめ	夢	梦、理想
かがくしゃ	科学者	科学家
じっけん	実験	实验
バイオぎじゅつ	バイオ技術	生物技术
サンダル		凉鞋、草鞋
ぼうし	帽子	帽子
スカート		裙子
めがね	眼鏡	眼镜
かみ	紙	纸
はさみ		剪子
Ｔシャツ		T恤衫
アンケート		问卷调查
テーマ		题目
うんどう	運動	运动
シート		问卷
その た	その 他	其他
こわす Ⅰ	壊す	弄坏
しらせる Ⅱ	知らせる	通知
せっけいする Ⅲ	設計する	设计
うまれる Ⅱ	生まれる	出生
そだてる Ⅱ	育てる	培育
かぶる[ぼうしを～] Ⅰ	かぶる[帽子を～]	戴[帽子]
かける[めがねを～] Ⅱ	掛ける[眼鏡を～]	戴[眼镜]

する Ⅲ		系（领带）
きめる Ⅱ	決める	决定
まとめる Ⅱ		汇总
―ほん／ぼん／ぽん	―本	一根、一条、一支、一棵（棍状的细长物品的量词）
なんぼん＊	何本	几根
ゆうべ		昨晚
よく		经常
～だけ		只有～、仅仅～
いじょうです。	以上です。	如上。（用于演讲等结束时）
まあ。		是吧。
いいなあ。		好让人羡慕啊。
クイズ		猜谜、智力比赛

カエサル		凯撒
むらさきしきぶ	紫式部	紫式部
ナポレオン		拿破仑
マリリン・モンロー		玛丽莲・梦露
ジョン・レノン		约翰・列侬
チャップリン		卓别林
クレオパトラ		克莱奥帕特拉

句型说明

名词修饰

1. 名词修饰

在日语中，作为修饰的部分不论是单词还是句子都放在名词之前。

1）使用名词、形容词的修饰

在此之前，我们学习了使用名词、形容词的名词修饰。

日本の 山　日本的山 ⇒ 第1课

高い 山　很高的山 ⇒ 第7课

有名な 山　有名的山 ⇒ 第7课

2）使用句子的修饰

在本课中我们来学习使用句子的名词修饰。

可以使用普通型的所有活用形。

あした 来る 人　明天来的人

あした 来ない 人　明天不来的人

昨日 来た 人　昨天来的人

昨日 来なかった 人　昨天没来的人

3）名词修饰句中的主语用"が"来表示。

アンさんは ロボットを 作りました。　琬安小姐做了个机器人。

↓

アンさんが 作った ロボット　这是琬安小姐做的机器人。

2. これは 掃除を する ロボットです。　这是做清扫的机器人。

● 名词修饰句

被修饰的部分"そうじをするロボット"，可以用于主语部分、谓语部分等。

アンさんは 掃除を する ロボットを 作りました。

琬安小姐做了个做清扫的机器人。

掃除を する ロボットは 便利です。　做清扫的机器人很方便。

① カエサルは サンダルを 履いて います。　凯撒穿着草鞋。
在日语中，因穿在身上的东西不同而使用不同的动词。和服和西服等用"きます"，鞋子和裤子等用"はきます"，帽子用"かぶります"，眼镜用"かけます"，首饰用"します"。

② 食事は 1日に 2回だけでした。　以前每天只吃两顿饭。
"に"是表示频度基准的助词。"に"的意思是"每"
　　1週間に 1回　每周一次。
　　2か月に 1回　每两个月一次。

③ 色も デザインも 大好きです。　我既喜欢这个颜色，也喜欢这个款式。
"N1 も N2 も"的意思是"N1 和 N2 两边都～"。

A：サンダルを 履いて いる 人は だれですか。
　　穿着草鞋的那个人是谁？
B：カエサルです。　是凯撒。
在提到与说话人并没有亲密的个人关系时，有名人一般不用"～さん"

词汇与文化信息

20 色・柄・素材　颜色、花纹、材料

1. 色　颜色

白　白色　　青　蓝色　　黒　黑色　　黄色　黄色　　赤　红色
茶色　褐色　　緑　绿色　　紺　藏蓝色　　ピンク　粉红色
紫　紫色　　オレンジ　橙色　　ベージュ　米色　　グレー　灰色

2. 柄　花纹

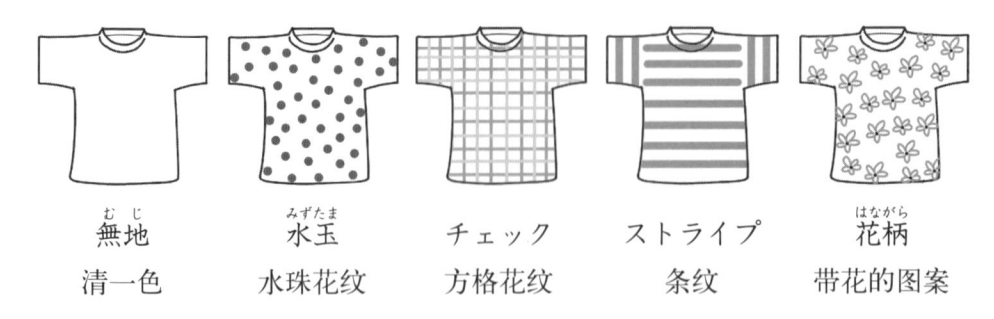

無地	水玉	チェック	ストライプ	花柄
清一色	水珠花纹	方格花纹	条纹	带花的图案

3. 素材　材料

綿／コットン	毛／ウール	絹／シルク	ポリエステル	革
绵	羊毛	丝绸	化纤	皮革

21 要是下雨的话，旅游团就中止

会话

金： 对不起，去郊游的旅游团是在这儿报名吗？
田中： 对，请填写一下这张报名表。
金： 好。
田中： 填好以后，请放到这个盒子里。
金： 好。请问，即使下雨也组团吗？
田中： 不，要是下雨的话，旅游团就中止。
要是不放心的话，请早上给这里打个电话。
金： 知道了。
田中： 请明天早上8点之前来学校。

词汇

ゆき	雪	雪
ざんぎょう	残業	加班
びょうき	病気	病
みち	道	道路
キャッシュカード		提款卡
こうつう	交通	交通
じこ	事故	事故
こうつうじこ	交通事故	交通事故
じしん	地震	地震
たいふう*	台風	台风
けいさつ	警察	警察
エンジン		发动机、引擎
ちょうし	調子	状况
じゅけんひょう	受験票	准考证
あさねぼう	朝寝坊	睡懒觉
ラブレター		情书
せいせき	成績	成绩
おしゃべり		聊天儿、闲聊
ず	図	图画
いえ	家	家
ちから	力	力气
とし	年	年龄
へび	蛇	蛇
おや	親	父母
ふつう	普通	普通
ツアー		旅游团
もうしこみ	申し込み	报名、预约
～しょ	～書	～单
もうしこみしょ	申込書	报名表、预约单
ちゅうし	中止	中止
ふる Ⅰ	降る	下（雨）
まよう Ⅰ	迷う	迷（路＋に）

なくす　Ⅰ		丢
あう　Ⅰ	遭う	遇（事故＋に）
おきる　Ⅱ	起きる	发生
わすれる　Ⅱ	忘れる	忘
ひろう　Ⅰ	拾う	拾
たりる　Ⅱ	足りる	够
つく　Ⅰ	着く	到（場所＋に）
とどく　Ⅰ	届く	送到
さく　Ⅰ	咲く	开（花）
しょうかいする　Ⅲ	紹介する	介绍
やめる　Ⅱ		停止
くみたてる　Ⅱ	組み立てる	构成、装配
ふとる　Ⅰ	太る	胖
やせる＊　Ⅱ		瘦
おとす　Ⅰ	落とす	掉
われる　Ⅱ	割れる	碎
よう　Ⅰ	酔う	醉
こわれる　Ⅱ	壊れる	坏
ちゅういする　Ⅲ	注意する	提醒、警告
けんかする　Ⅲ		打架
すききらいする　Ⅲ	好き嫌いする	挑拣
サボる　Ⅰ		怠工、逃学
わるい	悪い	坏、不好
よわい	弱い	弱
つよい＊	強い	强
あまい	甘い	娇惯
しあわせ[な]	幸せ[な]	幸福
しんぱい[な]	心配[な]	担心
—にんのり	—人乗り	—人乘坐
〜いか	〜以下	〜以下
〜いじょう＊	〜以上	〜以上
〜までに		〜为止

句型说明

条件句

21

1. 雪が たくさん 降ったら、早く うちへ 帰ります。　雪下大了的话，就早点儿回家。
   ● S1 たら、S2

   是假定条件的表现。

   "S1 たら"是假定条件，表示 S1 成立时 S2 也成立。意思是"（如果）～的话，就～"。

   "S たら"是动词句、形容词句、名词句的"普通形　过去形＋ら"的形式。

		肯定	否定
V	ふる	ふったら	ふらなかったら
いA	たかい	たかかったら	たかくなかったら
なA	ひまだ	ひまだったら	ひまじゃなかったら
N	あめだ	あめだったら	あめじゃなかったら

2. 駅に 着いたら、電話して ください。　到了车站，请给我打个电话。
   ● V たら、S

   "V たら"也可以用于表现今后肯定会发生的事情的场合。S 表示 V 完了之后的动作。意思是"～，就～"。

3. 宿題が あっても、コンサートに 行きます。　即使有作业，也去音乐会。
   ● S1 ても、S2

   是逆接条件的表现。意思是"即使～，也～"。用 S2 来表示发生了与 S1 所示条件下本应得出的预想结果相反的事情。

   "S ても"是て形加上"も"作成的。

		肯定	否定
V	かく	かいても	かかなくても
	ある	あっても	なくても
いA	たかい	たかくても	たかくなくても
なA	ひまだ	ひまでも	ひまじゃなくても
N	あめだ	あめでも	あめじゃなくても

① 地震が 起きます。　发生地震了。
"が"是表示自然现象及事故等的助词。

② 8時までに 来て ください。　请8点之前到学校来。
"までに"是表示动作进行最终期限的助词。

③ 学校に 来て ください。　请到学校来一下。
"に"是表示人或物移动的目的地的助词。
与表示方向"へ"相同，"に"后接的也是"いく""くる""かえる"等移动动词。

词汇与文化信息

日本の時代　日本的时代

年　年

B.C. 200
B.C. 100
0
100
200
300
400
500
600
700
800
900
1000
1100
1200
1300
1400
1500
1600
1700
1800
1900
2000

① 縄文時代　绳文时代

② 弥生時代　弥生时代

③ 大和時代　大和时代

④ 奈良時代　奈良时代

⑤ 平安時代　平安时代

⑥ 鎌倉時代　镰仓时代

⑦ 室町時代　室町时代

⑧ 安土桃山時代　安土桃山时代

⑨ 江戸時代　江户时代

⑩ 明治　明治

⑪ 大正　大正

⑫ 昭和　昭和

⑬ 平成　平成

⑭ 令和　令和

22 你给我做了饭

会话

塞卢坎： 渡边小姐，谢谢你的照顾。
渡边： 不，我才要谢谢你呢。
塞卢坎： 生病的时候，你给我做了饭啊。
渡边： 啊，是有这么回事儿。
塞卢坎： 我当时特别高兴。
真是太谢谢你了。
渡边： 我也承蒙你教了很多东西，了解了不少土耳其的事情。
实习期间从什么时候开始？
塞卢坎： 从下个星期开始。
渡边： 去长崎之后，也要加油啊。
塞卢坎： 好。有机会的话，请到长崎来玩儿。
渡边： 谢谢，请多保重。

词汇

にんぎょう	人形	娃娃、偶人
ハンカチ		手帕
けいこうとう	蛍光灯	荧光灯
けが		受伤
プロジェクター		放映机
ひ	日	日子
とおく	遠く	远处
インターンシップ		实习
たのしみ	楽しみ	期待
みなさま	皆様	各位（"みなさん"的礼貌语）
こと		事
きかい	機会	机会

こちら		这里（"ここ"的礼貌的表现）
そちら*		那里（"そこ"的礼貌的表现）
あちら*		那里（"あそこ"的礼貌的表现）

くれる Ⅱ		给（我）
つれて いく Ⅰ	連れて 行く	带着～去（指人）
つれて くる* Ⅲ	連れて 来る	带着～来（指人）
みる Ⅱ	見る	看
なおす Ⅰ	直す	修理、修改
とりかえる Ⅱ	取り替える	交换、更换
ごうかくする Ⅲ	合格する	及格、考上（考试+に）
わたす Ⅰ	渡す	交、递
つける Ⅱ		开（电视等）
くばる Ⅰ	配る	分发

うれしい		高兴

この あいだ	この 間	前些时候

～けん	～県	～县
～と	～都	～都
～し	～市	～市
～く	～区	～区
～さま	～様	～先生、～女士（比"～さん"礼貌的用法）
ごめん。		对不起。（比"すみません"更为随便的说法）
おせわに なりました。	お世話に なりました。	承蒙关照了。
いいえ、こちらこそ。		我才是承蒙贵方关照了呢。
おげんきで。	お元気で。	请多保重。
おげんきですか。	お元気ですか。	您好吗？
そうでしたね。		是啊。

トルコ		土耳其
ぶんきょうく	文京区	文京区
こいしかわ	小石川	小石川
ながさき（けん）	長崎（県）	长崎（县）
うえだし	上田市	上田市
うえだ	上田	上田

句型说明

动词句 5：授受动词

1. 渡辺さんは わたしに 本を くれました。　　渡边小姐给了我一本书。

    ● N1(人)に N2(物)を くれる

    "くれる"只用在接收者是说话者或与说话者同一方的成员（家里人等与说话者关系比较近的人）的场合。另一方面，"あげる"则用在接收者不是说话者或与说话者一方的成员的场合。因此"わたなべさんはわたしにほんをあげました"是错误的用法。

    渡辺さんは わたしに 本を くれました。
    渡边小姐给了我一本书。
    渡辺さんは 妹に 本を くれました。
    渡边小姐给了妹妹一本书。
    渡辺さんは リンさんに 本を あげました。
    渡边小姐给了林先生一本书。

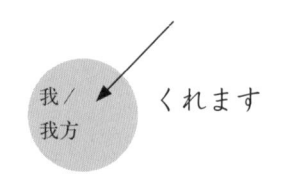

    我／我方　くれます

2. 渡辺さんは わたしに 日本の 歌を 教えて くれました。
    渡边小姐教给了我一首日本歌。

    ● V て くれる

    "くれる"接在动词て形之后，表示由于某人的行为给了说话者恩惠，站在受惠者的立场上，表达自己的感激之情。

    与这一动词作为原意"给"使用时相同，在这里受惠者也是说话者或与说话者同一方的成员。施以恩惠的人为主语。

    ① 渡辺さんは わたしに 日本の 歌を 教えました。
    渡边小姐教了我一首日本歌。
    ② 渡辺さんは わたしに 日本の 歌を 教えて くれました。
    渡边小姐教给了我一首日本歌。

    ①只是叙述了"渡边小姐教唱歌"这件事，而在②则表示了说话者作为"渡边小姐教唱歌"这件事受惠者的感谢心情。

    像这样，与て形相接的授受动词，在表示其动作的同时也表示有利益和恩惠的授受关系。

3. わたしは 渡辺さんに 日本の 歌を 教えて もらいました。

我请渡边小姐教了一首日本歌。

● V て もらう

这是说话者"由于某人的行为而受惠"的表现，是站在说话者的立场上，从接收者的角度来表示感谢。

受惠者为主语。

わたしは 渡辺さんに 日本の 歌を 歌って もらいました。

我请渡边小姐唱了一首日本歌。

其中包含有"我感谢渡边小姐唱日本歌这件事"的意思。

4. わたしは 渡辺さんに わたしの 国の 歌を 教えて あげました。

我教了渡边小姐一首自己国家的歌。

● V て あげる

这是"说话者给说话者一方以外的成员以恩惠"的意思。施以恩惠的人为主语。

わたしは 渡辺さんに わたしの 国の 歌を 歌って あげました。

我给渡边小姐唱了一首自己国家的歌。

这一表现有时会给人以强加于人的印象，所以说话者在把自己为上司或长辈做的事情直接与对方讲的时候，最好不要使用。

---

① A：だれが 浴衣を 貸して くれましたか。

　　谁把和服（夏天穿的简单的和服）借给你的？

　B：渡辺さんが 貸して くれました。　是渡边小姐借给我的。

"だれ""どこ""なに""いつ"等疑问词之后用助词"が"，而不是表示主题的"は"。而且在回答时也是一样，要使用助词"が"。

② トルコ語を 教えて くれて、ありがとう。　谢谢你教给我土耳其语。

"Vてくれて、ありがとう"表示说话者对由于听话者的动作而受惠这一事情的感谢。对上司或长辈使用"Vてくださって、ありがとうございます"这一形式。

词汇与文化信息
年賀状（ねんがじょう） 贺年片

1. 十二支（じゅうにし） 十二干支

ねずみ　うし　とら　うさぎ　たつ　へび
うま　ひつじ　さる　とり　いぬ　いのしし

2. 年賀状（ねんがじょう）を書（か）きましょう　写贺年片

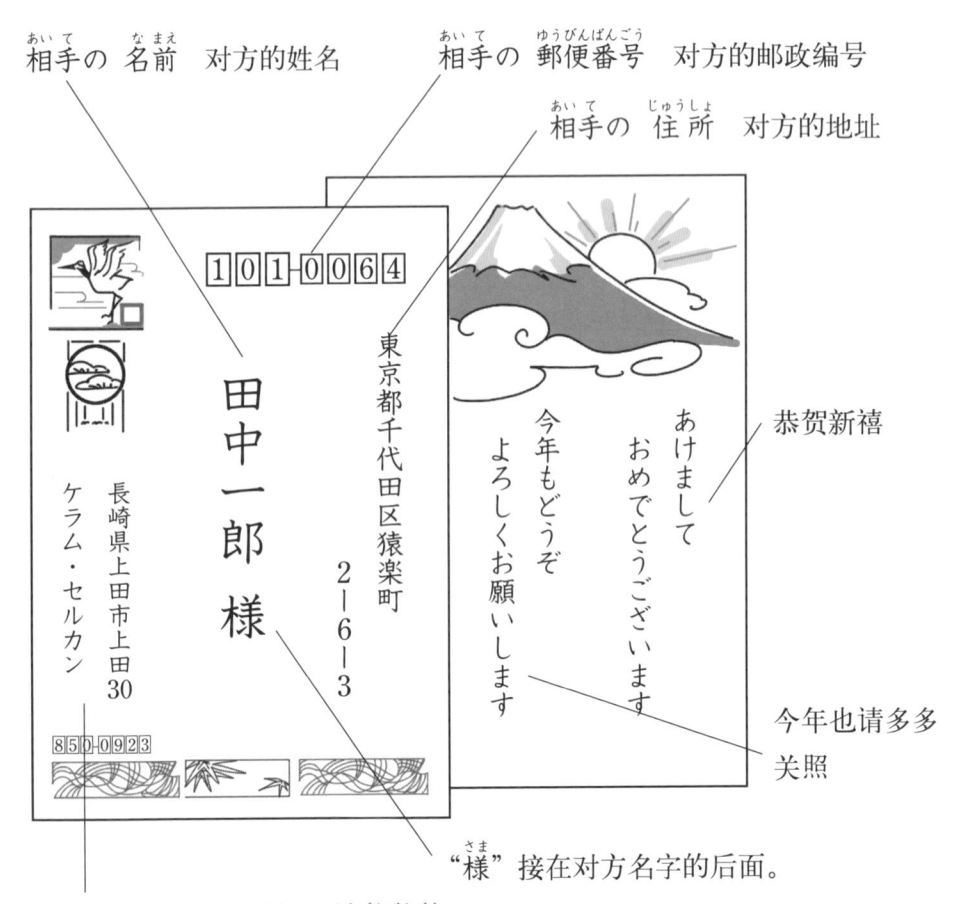

相手（あいて）の名前（なまえ）　对方的姓名
相手（あいて）の郵便番号（ゆうびんばんごう）　对方的邮政编号
相手（あいて）の住所（じゅうしょ）　对方的地址

〒101-0064
東京都千代田区猿楽町
2-6-3
田中一郎 様

長崎県上田市上田30
ケラム・セルカン
850-0923

あけまして
おめでとうございます
今年もどうぞ
よろしくお願いします

恭贺新禧

今年也请多多关照

"様（さま）"接在对方名字的后面。

自分（じぶん）の住所（じゅうしょ）と名前（なまえ）と郵便番号（ゆうびんばんごう）　自己的地址、姓名和邮政编号

まとめ 4

词汇

ぼく	僕	我（比"わたし"随便的说法，男性用语）
けしゴム	消しゴム	橡皮
ドア		门
しょうがっこう	小学校	小学
みんな		大家
こえ	声	声
ぶん	文	句子
おどろく Ⅰ	驚く	吃惊
さびしい	寂しい	寂寞
ある 〜		某〜
おなじ 〜	同じ 〜	同样
〜くん	〜君	〜君（比"〜さん"随便的称呼，主要用于男性）
おめでとう。		祝贺。恭喜。

いしだ	石田	石田
ゆうた	勇太	勇太

巻末

词汇

—ぶんの—	—分の—	—分之—
おく	億	亿
—てん—	—点—	—点—
かず	数	数字
じこく	時刻	时刻
ようび	曜日	星期
おととし		前年
さらいねん	再来年	后年
カレンダー		月历
—ねんはん	—年半	—年半
かぞえかた	数え方	计数方法
よびかた	呼び方	称呼
やまだ	山田	山田
かたち	形	形
チャート		图表、一览表

執筆者

山﨑佳子　元東京大学大学院工学系研究科
石井怜子
佐々木薫
高橋美和子
町田恵子　元公益財団法人アジア学生文化協会日本語コース

翻訳

徐前

本文イラスト

内山洋見

カバーイラスト

宮嶋ひろし

装丁・本文デザイン

山田武

日本語初級1 大地
文型説明と翻訳　中国語版

2009年6月25日　初版第1刷発行
2024年10月8日　第6刷発行

著　者　山﨑佳子　石井怜子　佐々木薫　高橋美和子　町田恵子
発行者　藤嵜政子
発　行　株式会社スリーエーネットワーク
　　　　〒102-0083　東京都千代田区麹町3丁目4番
　　　　　　　　　　トラスティ麹町ビル2F
　　　　電話　営業　03（5275）2722
　　　　　　　編集　03（5275）2725
　　　　https://www.3anet.co.jp/
印　刷　倉敷印刷株式会社

ISBN978-4-88319-503-9　C0081
落丁・乱丁本はお取替えいたします。
本書の全部または一部を無断で複写複製（コピー）することは著作権法上での例外を除き、禁じられています。